The Paradox of Modern Parenthood

[美] 珍妮弗·辛尼 著
Jennifer Senior

孩子的到来如何改变你的生活

——所有的幸与不幸 现代亲子悖论——

All Joy and No Fun

卓越教师网

中国青年出版社
CHINA YOUTH PRESS
中青文传媒

图书在版编目（CIP）数据

孩子的到来如何改变你的生活：所有的幸与不幸　现代亲子悖论 /（美）辛尼著；赵诗海，高向文，迟逍译.

—北京：中国青年出版社，2015.1

书名原文：All joy and no fun: the paradox of modern parenthood

ISBN 978-7-5153-3086-0

Ⅰ.孩… Ⅱ.①辛… ②赵… ③高… ④迟… Ⅲ.亲子关系－研究 Ⅳ.B843

中国版本图书馆CIP数据核字（2014）第310795号

孩子的到来如何改变你的生活

所有的幸与不幸　现代亲子悖论

卓越教师网

作　　者：［美］珍妮弗·辛尼
译　　者：赵诗海　高向文　迟　逍
责任编辑：赵　玉
美术编辑：夏　蕊　李　甦
出　　版：中国青年出版社
发　　行：北京中青文文化传媒有限公司
电　　话：010-65511270/65516873
公司网址：www.cyb.com.cn
购书网址：zqwts.tmall.com　www.diyijie.com
制　　作：中青文制作中心
印　　刷：三河市文通印刷包装有限公司
版　　次：2015年4月第1版
印　　次：2015年4月第1次印刷
开　　本：787 × 1092　1/16
字　　数：150千字
印　　张：17
京权图字：01-2014-6999
书　　号：ISBN 978-7-5153-3086-0
定　　价：39.00元

珍妮弗·辛尼

2014年3月TED演讲

对父母来讲，想说幸福不容易

为人父母堪称成年后最突然也最戏剧性的人生转折点之一。

当孩子不断重塑你的婚姻、工作、友情、野心甚至自我认知的轨道，你又该如何自处？

媒体推荐

这本书并非虎妈一类用标题抓人眼球的惊悚故事，它是一本有思想有深度的现代父母现状研究：我们爱我们的孩子，他们让我们疯狂，这都是我们自己的错。阅读珍妮弗·辛尼生动又异乎寻常的安慰之语，就像在参加受困父母的自助小组，而我以前对自己的这种需求浑然不觉。

出版这本书的灵感源自辛尼的《纽约》杂志封面故事，其中她探讨了育儿的黑暗一面——抑郁、婚姻危机、自我价值的丢失。当然，养育孩子最终非常有意义。但是，从每日的生活来看会如何？有时我们觉得很挫败。

自第二次世界大战以来，父母的责任大变了样，因为有越来越多的女性进入职场，父亲更多地参与抚养孩子，一个“非对称”的亲子关系形成。我们为我们的孩子做得更多，但他们为我们做得更少了。“孩子从我们的雇员变成了我们的老板，”辛尼写道。如果你想成为更好的父母——或者更重要的是成为感觉良好的父母——你需要这本书。

——尼尔·汤普森，英国作家

本书为今日紧张过度的父母提供了完美理智的处方。尽管得小心翼翼地考虑“大数据”，辛尼仍然成功地以自己的观察，用质朴、即时的呈现方式写下了这些神奇之语，这本意义深远的书是关于爱的意义，以及我们应如何提升自己而不仅仅是养育孩子。

——汤姆·雷斯，《黑伯爵》作者，2013年普利策奖得主孩子的到来，究竟如何改变生活？相信这是一个令无数父母在内心深处无数次想对自己提问的问题。

作者珍妮弗·辛尼犀利而尖锐的社会学观察视角，为你呈现出一个真实无比的育儿生活——挑战VS幸福。这本书的写作与研究角度，正是一直以来我所期待看到的。"孩子给我们生活的架构、目标以及与周围世界的连结"，这样开阔的观点与思考，令人想深呼吸。

——《父母必读》杂志主编　恽梅

即便孩子到来时没有自带使用说明，有了这本书，父母们依旧可以从容面对一切，无论心理、生理还是具体事务的处理。

—— 李筱懿，畅销书《灵魂有香气的女子》作者

这是旅途中一张不可或缺的地图，但是我们多数人都不曾拥有。每个父母都该读一读这本杰出、有趣和充满洞察力的书，并一读再读。珍妮弗·辛尼确实是这个星球上最棒的作家之一。

—— 丹尼尔·吉尔伯特，畅销书《哈佛幸福课》作者

一本可爱的、深思熟虑的书，充满慷慨的精神和敏锐的智慧。珍妮弗·辛尼将果敢的社会评论与温暖的富有同情心的声音结合在一起。

—— 苏珊·凯恩，畅销书《安静：内向性格的竞争力》作者

本书以非凡的洞察力和智慧，敏感和精妙地捕捉到为人父母的人生中最复杂的纹理，快乐和悲伤，高调和低落。

—— 艾莉森·高普尼克，畅销书《哲学宝贝》作者

如果你是2014年的父母，你必须拿到这本书。此书智慧、引人入胜，真实得让我担心辛尼是不是一直在我的房子里暗中监视。对于我们中那些因为有了孩子而生活变得丰富并脱轨的人来说必读。

—— 科蒂斯·希登费尔德，畅销书《美国夫人》作者

本书内容丰富，有娱乐，有启示，有痛苦也有欢乐。

——《华盛顿邮报》

此书挑战了很多有关现代父母的最神圣的假设。书中的权威和智慧注定会让父母们带上它去体验疯狂、令人毛骨悚然，而且也充满快乐的旅程。

—— 大卫·格恩，畅销书《迷失Z城》作者

本书从婴儿和幼儿期一直写到青春期的严重挑战，辛尼巧妙地解构了所有父母都有但很少人会谈论的各种经历，以多种形式展现了我们都不是孤独的。我爱这本书。

—— 玛德琳·勒文，畅销书《教好你的孩子》作者

珍妮弗·辛尼成功地将理论与爸爸妈妈们的实际经历联系在一起，成果集结成《孩子的到来如何改变你的生活》，此书相当引人入胜。

——《BookPage》杂志

没有孩子的人请注意：如果你们正思量着要孩子，并且正在寻找一个对亲子生活准确的评估，那么请忽略那些你们曾收到过的描绘不同家庭阶段美好生活的贺卡吧！相反，来读读珍妮弗·辛尼的这本书。这些意味深长的话才是主调。

——《赫芬顿邮报》

这是一本精彩的书，让人清醒、耳目一新，本书虽然不能解除身体上的疲惫，却能够帮助很多家长不再孤单。

——《纽约时报》

辛尼认真观察研究了现代家庭的案例，其场景读起来像小说般生动。

——《旧金山纪事报》

这是一本重要的书，堪与《女性的奥秘》相媲美，因为它给父母们提供了一种共同的语言，让他们了解到育儿的路上他们并不孤独，并为他们分析了其中的文化、政治、经济原因。

——《基督科学箴言报》

辛尼明智的共情为读者提供了必要的和鼓舞人心的引导。

——《波士顿环球报》

瞥见其他父母身上的难题令读者深省也乐于阅读。

——《新闻日报》

语言通俗、内容丰富，视角与通常以父母对孩子的影响完全相反。

——《纽约邮报》

辛尼总是语气慷慨，她敏锐地观察到孩子对他们父母的婚姻、心理健康、工作和社会生活的影响，并巧妙地做了社会学研究。这本书最大的贡献也许是建立了快乐和令人惊讶的悲伤之间的连接。

——《纽约客》

译者序

每位父母都能在书中找到自己

刚拿到这本书时我以为这又是一本畅销的育儿书，作者会指导家长如何让孩子睡整夜觉等等。翻译之后我发现这的确不是一本育儿书，正如作者所言这是一本写给成人的书，是一本社会科学书。作者通过观察儿童及其家庭为读者全面展现了美国中产阶级的育儿现状，并且引经据典地分析现代父母所面临的危机背后深层次的原因。在我看来，其严谨程度堪比学术论文，不过不用担心，它并不晦涩难懂，其中的故事就像发生在我们身边一样亲切生动。

作为一名普通家长，在我的心目中美国家长会给孩子更多的自由，更大的成长空间，让孩子顺其自然地发展，不会给孩子很多的压力。但是翻到第四章协作培养时，里面的故事就好像发生在中国的一样，因为对未来的焦虑以及害怕孩子无聊，家长给孩子安排了很多课外活动，希望他们将来更有竞争力。只不过中国人更多地强调学业上的成就，而美国中产阶级更注重孩子运动、音乐等全方面的发展。中国有句老话“望子成龙望女成凤”，原来美国的家长也是如此。

记得我家老大自从两三岁时起就越来越淘气，他爸认为是因为家里的玩具太少，让孩子很无聊。不过我还是没有给他添置太多玩具，我可受不了家里被塞得满满当当，终于在这本书里我找到了理论依据，“孩子们需要‘无聊’，因为他们很少经历‘为他们自己’找到事情做”。你的家里是否也塞满了各种玩具？你的周末是否也被各种兴趣班填满？是不是不为孩子们做点什么就害怕他们会无聊？看看这本书，也许你能找到答案。

书中，坐在电脑前四次被孩子们打断工作的杰西说：“我有时候会感觉孩子们压得我透不过气来，工作反而是一种巨大的放松。”你是否也会觉得有时周末比工作日还要忙碌？翻译这本书时正值暑期，我不敢告诉大宝我放暑假，否则他不会去幼儿园，我去泡图书馆把小宝留在家，否则翻译就是不可能完成的任务。想起书中在家工作还要照顾三个学龄前儿童的杰西，我很幸运有家人的支持和理解。

尽管翻译得很艰难，可是书中的故事总是牵着我想知道更多，同时也想让更多的人了解当今美国中产阶级育儿的前世今生。希望您在书中看到自己身影的同时，也能找到您想要的育儿答案。

译者　赵诗海

在真实的育儿日常中勇敢前行

在我终于译完那一刻，抬头看到窗前倾泻而下的秋阳，本以为摆脱字斟句酌的日日夜夜，终于可以松一口气了，可是心里却象失了一根稻草一样，念念不忘依依不舍。于是明白一位华裔妈妈在微博上的书评“简直想抱着作者大腿哭”，于是知道了它在美国图书馆通宵被排队预借的原因，买书从不信排行榜的我也终于“认可”它在美国亚马逊的社科类和育儿类（父母类）排行榜高居不下的实至名归。

好了，它到底讲什么？借连岳的一段话来剧透一下：“美国有人做过调查，夫妻生完孩子后的快乐指数是下降的，一直要到孩子成年离家，快乐指数才会回升。我喜欢这种真实，它告诉你养孩子不是抒情，不要欺骗自己，它很辛苦，要有所准备。我想人性都是相同的，在家庭关系中滥情的论调，无限夸张母爱，无穷赞美孩子，都宜保持怀疑，也许与事实出入太大。”

一直以来，我们都被各种专家、经验、东一榔头西一棒子的方法论轰炸着，被各种虎妈狼爸牛娃和晒娃党的光辉榜样敲打着，我们只知道自己的失败和无助，从没有人走过来拍拍你的肩，告诉你，其实天下父母都一样。

就象好的心理医生不会告诉你要这样要那样，他会倾听你理解你接纳你。我把这本书就当一碗另类鸡汤，喝下别人的痛苦，也许你还是会继续在自己柴米油盐哭笑烦欢的亲子世界里不得要领地摸爬滚打，但至少，你知道自己并不孤独；在作者旁征博引的强大社科及心理学数据支持下，在那些或泪盛于睫或感同身受的真实故事里，你会释然很多，叹一声气继续勇敢前行。

“我喜欢这种真实”。

译者　迟逍

目　录

前　言

孩子的到来将如何改变你的生活

为人父母的生活，一边是幻想中的七彩斑斓，一边是现实中的平庸无奇和脚踏实地。安吉丽娜·侯德正卡在哪一边并不难判断。她三岁的儿子伊莱刚刚宣布他尿裤子了。

“是吗？”安吉丽娜匆匆地敷衍着，连头都没抬一下。她的时间很紧，速食芝士烤鸡可不会自己端上桌，医院下午3点的晚班也不等人。“自己上楼换一下吧。”

闯了祸的伊莱小朋友一动不动站在厨房的椅子上，手指拨拉着盘里的黑莓：“我不去。”

“为什么不去？”

“我不会换衣服。”

“我知道你会换，你是男子汉嘛。”

“我不会。”

安吉摘下手上的烤箱手套：“妈妈在做什么？”

“给我换衣服。”

“不，我在做饭。所以这可难办了。”

伊莱发出了一阵小声的啜泣。安吉终于停下了手上的活，又好气又好笑地看着她的儿子，更麻烦的是她并不知道接下来该怎么办。那些给父母们启蒙的书里一定有关于这类滑稽场景的温馨提示，但即使有本书在手边，安吉也没空去翻查了。一家人的午餐还在烤箱里，没来得及清洗的盘子堆在水槽里，下午上班穿的护士服还没有烘干。

“你为什么不能自己换衣服？”她坚持着，“我想听听你的理由。”

“我就是不会。”

安吉瞪着她的儿子。就像所有和孩子陷入困斗的父母一样，静悄悄的房间里几乎可以听见她的大脑飞快地计算着，坚持和妥协哪个更划得来。伊莱的自理能力足以涵盖“换衣服”；而且不像大多数三岁儿童花样百出的成果，他基本可以一次成功，不会穿反衬衫或者两条腿穿进一个裤筒去。理论上讲，安吉的确有底气坚持不松口。

“那你上楼去拿换洗的衣服吧，”她斟酌后开口，“给妈妈找来你的绿色小裤裤，看是不是在你的裤裤宝盒里？”

即便在成年人的谈判桌上，安吉的折中提议也堪称范本，不仅不让任何一方丢脸，还能达到双赢的目的。但是作为三岁的小朋友，伊莱显然不能接受自己的要求被驳回。看似缓兵之计，他慢慢踱到安吉的背包旁边，从里面摸索出一条谷物早餐棒，大方宣称：“我觉得泽想吃这个。”泽是伊莱弟弟泽维尔的小名。

“不，他不想吃。”安吉保持着镇定，立场也依旧坚定。自己选的路，无论如何也要走下去。“我需要你去做我刚刚说的事情，你现在有点不听话哦。”

伊莱依旧对安吉的背包表现出莫大的兴趣。安吉走到他旁边，命令他坐到椅子上去。

“我需要帮助！”伊莱大声抗议。

“不，你不需要帮助。你的所有衣服都收拾得整整齐齐，去楼上把它拿下来。”在双方僵持中又过了几秒。想到边缘政策或许能对这个三岁小儿起效，安吉有所图谋地望向泽：“你哥哥在犯傻呢，是不是？我们要拿他怎么办？”

伊莱看上去非常不满意妈妈的行为，最终还是不得不乖乖缴械，转身慢慢往楼上爬去。几分钟之后，他出现在楼梯顶部，光溜溜得活像画里的丘比特，甩手就把一条干净的嫩绿内裤抛了下来。

“你找到了哇！”安吉大声地表扬他，“真棒！”

她兴奋地冲上去捡起来，仿佛那不是小孩子的内裤，而是新娘在婚礼上抛出的幸运花束一样。

在当妈妈之前，安吉大概从没想过，某一天自家的小不点儿把内裤扔下楼梯就能让她喜笑颜开。她大概也不曾想过，自己为达到这个目地所精心设计的谈判过程，又或者这种无比荒唐又考验谋略的谈判过程会在每天早晚定时上演。拥有这一切之前，安吉在医院精神科晚班工作，下班之后喜欢骑山地车或画画，周末和丈夫去明尼哈哈瀑布远足。生活充实，并且完全按照自己的意志支配。

但是现实依旧残酷。即便最井井有条的人面对育儿的课题，也只能毫无头绪、不知所措。他们大张旗鼓买来所有相关的书籍，观察亲朋好友的日常，努力挖掘自己的童年回忆，但是隔岸观火般揣摩的经验与实际情况之间的差距，还是能以光年计量。青涩的父母们不能揣度初生婴孩的喜怒哀乐，不明白提心吊胆的生活自此向他们开启，不懂得如何衡量那些看似简单的决定，如何变成三头六臂，如何在脑袋里安上一台永不停歇的警报器。**为人父母堪称成年后最突然也最戏剧性的人生转折点之一。**

社会学家爱丽丝·罗西于1968年发表的论文深度剖析了这种转折的不可预见性。文中她把这种现象简单称作“父母过渡期”，并且注意到养孩子与婚前求爱或者职前培训完全没有类比性。“脆弱而神秘”的婴儿突然变成了家庭的一份子，“还具有天生的依赖性”。

就当时的学术大环境而言，她的观察已经非常详尽了。与她同期的学者们都忙着研究父母对孩子的影响，罗西却调转显微镜，从相反的方向观察——亲子关系对成人有怎样的影响？孩子如何影响父母的生活？即使过去了45年，它仍是我们致力解决的课题。

我对亲子关系课题的兴趣始于2008年1月3日，我儿子降生的那一天。但直至两年后，我才得以真正拓展思考的深度。《纽约》杂志刊登了我的文章，文中描述了社会科学里最奇特的发现之一：**父母们并不比非父母人群幸福，在某些情形下甚至远不如非父母幸福。**

这一结论几乎与我们的传统观念格格不入。其实早在60年前，学者就已对此开展了研究。首批先锋出现在1957年，那时对核心家庭的崇拜正值盛行。那篇《论育儿之危机》的论文用薄薄四页纸正面挑战当时的主流论调，宣称孩子会削弱婚姻纽带而不是挽救婚姻的稻草，并引用了一位母亲代表的原话：“我们了解孩子的起源，却不了解他们本身。”他还举出了在调查中常常被母亲们提起的“怨言”：

睡眠不足（*尤其是孩子头几个月的时候*）；慢性精力衰退；家庭琐事占去过半时间导致社交活动锐减；失去职业带来的挫败感和固定收入减少的无奈；刷洗、熨烫更多的衣物；为自己无法“做到完美”

而内疚；每周七天无日无夜地照顾婴孩；家务水准下滑；身材走形（孕期增重等）。

父亲方面则指出了经济压力倍增，夫妻生活锐减，以及父亲角色幻想的破灭和逐渐清醒的现实。

1975年，另一篇里程碑式的著作横空出世，指出**空巢母亲并不像传统设想中那样心生绝望，反而比在家守着小孩的母亲更开心**。八十年代，随着大批女性涌入职场，大多数社会学家们一致认为，工作对于女性本身充满了积极的意义，但孩子却成为加诸其上的负累。接下来二十年的研究里，更多的细微差别渐渐浮现，表明孩子对母亲心理的负面影响远大于父亲，对于单亲父母的影响也远大于双亲家庭。

与此同时，心理学家和经济学家却沿着不同的科学道路殊途同归。2004年，包括诺贝尔行为经济学获奖者丹尼尔·卡内曼在内的五名科学家走访909名德克萨斯州女性，请她们将19件家庭相关的活动按喜好排名。“照顾孩子”仅排在第16位，“准备餐饭”、“看电视”“小憩”“购物”甚至“做家务”都排在它的前面。加州大学伯克利分校和加州大学旧金山分校的研究员马修·基灵沃斯在一项正在进行的研究中得出了相似的结论，孩子在“最能给父母带来愉悦”的事物里排名垫底。在我的电话访问里，他进一步阐述了这个观点：“与朋友交流为金，与伴侣交流为银，与亲人交流为铜，与熟人交流为铁，与父母交流为铝，都强过与孩子或者陌生人交流。”

这些所谓研究毫无疑问有博人眼球之嫌，同时也算不上精确。研究人员若试图量化父母的情绪，等待他们的只有不能一概而论且差别细微的答案。从2008年到2012年的170万例盖洛普调查来看，研究员安格斯·迪顿和亚瑟·斯通认为15岁以下孩子的父母体验到的乐趣最多，度过的低潮也最多。目前这项研究成果即将出版面世。若从存在主义哲学的角度进行探讨，他们认为父母比非父母人群拥有更多荣誉感和成就感，这也是为人父母的终极要义。

孩子限制了父母生活的方方面面。从另一角度看，他们也深化了成人的生活意义。正如一位拥有两个孩子的家长所说，养育孩子时“满心喜悦却毫无乐趣”。

或许看到这里，有人会轻率地将这些研究归纳为一句话——“孩子让你的生活变得悲惨”。但是我更认同社会学家威廉·多尔蒂的精确描述：育儿是“一项成本极高却回报丰厚的活动”。若要探究育儿成本为何高居不下，可能要追溯到当代育儿与传统育儿的不同之处。

育儿中某些最艰难的方面从未改变，例如睡眠被剥夺。安大略市皇后大学的研究员认为睡眠被剥夺与酒醉一样会蒙蔽我们的判断力。这些不可撼动的艰难之事尤其值得深度剖析，也将在本书中占据相当的篇幅。但我对当代育儿的独有特质及其带来的新变化也很感兴趣，作为父母的体验在生活中逐渐复杂化，并且缺乏以往经验可以借鉴。“非常规”是个非常棘手的词，预示了所有研究中个人及文化因素的多变性。

宽泛地说，有三个因素使得父母的生活雪上加霜。第一个因素是选择。没多久以前，父母还无力掌控家庭的规模，无法决定何时怀上孩子，也不像现代父母那样尊重孩子。他们选择生育的理由可能是传统使然，或者经济条件需要，又或是肩负双方家族的道德责任。

肩负全部三种理由的家庭并不在少数。

然而如今，大人们总把孩子看作其一生的成就，育儿成为一项独立的、昭示野心的人生项目，按自己的想法为孩子提供成长空间，按自己的哲学提供孩子的成长资源。的确有很多父母在认为自己已经准备好的时候才会考虑要孩子。在2008年，美国受过高等教育的25岁至29岁女性未育比例达到72%。

我们当中许多人都热情投身本是义务的育儿重任，对孩子带来的期望被拔至前所未有的高度，他们满足了我们之所以存在的意义，而不仅仅是我们生活中寻常的一部分。数据显示，2010年美国有超过61500名婴儿通过辅助性生育技术降生，让工作中的稀缺原则得以映射到生活中来：越是难得的事物，越让我们投入巨大心血的事物，越被我们看重。正如发展心理学家杰罗姆·卡甘写道，一丝不苟的当代家庭规划“无形中在婴儿身上加诸了更大的重要性，是以前拥有半打孩子的家庭，或者时运不济的家庭所不能比拟的”。

从主流却多少带有功利性的角度来看，当下养育孩子已经成为一项颇具自爱意味的事业。若带有同情心来看，推迟生育的行为反映出当代父母已经逐渐意识到因为孩子的到来自己会失去什么。

如今的育儿比以往更复杂的第二个原因是，如今的工作生活也随时代同步复杂起来。结束一天的上班时间回到家，踢掉鞋子换上便服，手机还是响个不停，电脑屏幕还是暗不下去，工作时间仍在继续。更重要的是，女性在职场中的饱和度——大部分母亲仍参加工作——导致家庭生活发生翻天覆地的变化。1975年，美国三岁以下孩子的母亲有34%在职场奋斗；而2010年，这一比例已达到61%。

母亲们从超市采购来培根，煎炒蒸炸，肉作为早饭上桌，留下油还可以为孩子制作蜡烛，支持他们类似的科学实验。这是绝大多数家庭日常生活的小小一角，但这样的生活常态里，如何解决责任分配还是一个未知数。政府和企业不会帮忙，转手将难题丢回给个人家庭。如今父亲们比他们的曾祖一辈更多地参与到孩子的成长中来，为自己盲目制订学习计划，在失败的尝试和犯错中不断摸索。这样的努力让母亲们不知所措，应该对另一半的协助心怀感激，还是对越帮越忙的结果哭笑不得。父亲们也在逐渐调整自己，融入母亲们紧张忙碌的生活状态，成为亲子乐园的常客。

这一变化同时也衍生了众多的家庭矛盾。艾玛·邦贝克（我母亲一辈的著名讽刺家）在2011年父亲节的一场即兴表演中说："当我的孩子小的时候，我几乎能躲就躲。你知道爸爸为什么在厕所里呆那么久吗？因为他还没想好要不要当爸爸呢。"

在我看来，导致育儿方式改变的众多原因里，最关键的是孩子的家庭角色和社会角色的改头换面。自二战结束以来，"童年"就被赋予了崭新的意义。

如今我们努力工作使得孩子免于体验生活的艰辛，但纵观历史并非如此。这个国家诞生初期，兄弟姐妹彼此照料或者在田里劳作；工业化来临，人们的劳动范围扩展到矿区、纺织厂、磨房、罐头厂和街边商铺。随着社会发展，虽然变革缓慢，但改革者已成功将童工排除在劳力之外。直到二战结束，战士们重返家园，我们口中的"童年"才真正开始。家庭经济不再建立在互惠互利的基础上，父母提供庇护，供给三餐，孩子们只负责消耗财富。父母和子女的关系不再对等，孩子不参与工作，父母要付出双倍的劳力。孩子不再承担家庭劳力，摇身一变成为家庭的霸主。

大多数历史学家都同意这点：孩子们从“小帮手”变成了“小宝贝”。社会学家维维安娜·泽利泽的总结更一针见血：当代孩子“经济无用但情感无价”。

如今父母对孩子情感和物质的投入更是空前，相比怀孕之前朝九晚五的工作时间，大部分母亲留守家中，父母们花费更多时间和精力与孩子相处，却仍不能掌握为人父母的要点，即使费尽解数地扮演自己的角色，终极目标依然遥远而模糊。因为孩子不再是家庭资产的一部分，计入账簿的唯一方法就是按照潜在投资看待，父母不仅需要在前期大量投入，还需要时刻保持丰厚回报的信心。因为情感上的重要地位，家长们对子女的心理健康也尤为关注，表面上值得赞扬，仔细想来却不切实际：因为培养自信可不是教他们识字或者换轮胎这样的具体事务。

本书将系统地归纳育儿经验，逐条例析，配以阶段性总结，意在详细阐述（甚至量化）当今父母所面临的各类危机。研究人员对父母与孩子的交流的观摩由来已久，本书开头伊莱和安吉之间拉锯般的较量就是其中一例。1971年，哈佛大学的三人小组对90对母子展开5个钟头的观察，母亲们平均每3分钟就会对孩子发出一条指令或拒绝他们（通常是无理）的要求；而孩子们只有60%的时间按照母亲的意愿行动。显然这样的行为对双方的身心健康都有不利影响。

除此之外，能够解释父母感受的当代研究多如牛毛，我所做的是将它们从广袤的海洋中拣出，一一串起，带给读者更加清晰的认知。

这些数据包括关于性别的调查，睡眠时间的图表，研究精力分配的书籍，讨论注意力分散的论文，婚姻与童年的关系，以及其他典型现象的层层研究，例如青少年最激烈的反叛期（初二到高一），以及在工作与家庭的夹缝中求生的角色（父亲）。我试图将这些材料与真实的家庭生活结合起来，卧室里、厨房里，全家外出的时间、家务劳动的时间，体现出生活的方方面面。

友情提示：

我真诚地希望阅读此书的父母们能更好地理解自己，也给自己更多宽容和谅解。我并未承诺在书中给予诸多育儿相关的行之有效的建议。低下头去认真阅读，或许您会有自己独到的体会。但育儿指导并不是本书写作的初衷，孩子也不是，父母才是本书的主角。《孕期怀孕指南》描述了伴随怀孕到来的生活改变，但是孩子三岁、九岁、甚至十五岁之后，父母们的指南又在哪里？**当孩子不断重塑你的婚姻、工作、友情、野心甚至自我认知的轨道，你又该如何自处？**

友情提示二：

本书的原型是中等家庭。也许某些家庭比其他人遇到的困难更多，但所有家庭都在现实中苦苦挣扎，不论他/她是社会工作者还是体力工作者，医生还是安保人员。我并未在精英社会阶层大费周章（本书里的孩子都接受的公立教育），因为精英家庭的情况不具有普遍意义。同样，贫困家庭也不是本书的主要对象，因为贫困家庭的父母很难站在自身立场考虑“父母”的角色，因为对于食物和庇所的忧虑每天都压在他们头顶。

因为养育孩子的阶段性（蹒跚学步带来的混乱和青少年叛逆期

导致的焦虑是完全不同的概念），本书将按照时间顺序进行阐述。第一章和第二章聚焦孩子诞生之初带来的两大巨变：打破重建的自律观念和重新修订的婚姻规则；第三章集中于幼儿带来的独特乐趣；第四章描述育儿中期（小学期间），父母认识到竞争日益激烈的现代社会给孩子带来的压力，以及这种压力如何转变为孩子们放学后、周末里冗长的课外活动；第五章则关注青少年时期，孩子们对父母不容忽视的影响。我们一直保护他们，照料他们，他们从少年到成年的生理变化期也与我们一同度过。然而针对这段尴尬时期展开的研究寥寥可数，反而给这个阶段更添尴尬，因为父母此时也正在经历重要的人生转折期，例如令人烦恼的更年期或者职业生涯的关键评估等等。

但我并不愿意夸大育儿过程中的困难。威廉·多尔蒂口中的“高回报”也同样值得分析，只不过极难量化。育儿的乐趣及意义不属于社会科学的研究范畴，关于巨变的词汇或许丰富，描述“自我价值”的词汇却更加高深难懂。本书第六章，即最后一章，我将探讨育儿对于人生更广阔的意义——满心喜悦，赋予自我更高的责任，以及讲述、记忆并塑造全面自我认知的感受。我们的经历塑造了我们，育儿更是其中至关重要的一部分。对于某些人来讲，跟孩子一起度过的时间已然成为人生中最浓墨重彩的一笔。

AUTONOMY

第一章

关于自我管理

我将婴儿高高举到灯光下，充血的眼睛盯着一旁的医生，毫无感情地开口："医生，您在这行已经很久了，所以请告诉我，"我重新将目光对准了手中的婴儿，"她毁了我的生活，毁了我的睡眠，毁了我的健康，我的工作，还有我和我妻子的关系……都是因为这个丑乎乎的小东西。"我艰难的吞咽着，终于问出了一直以来困扰我的简单问题："我为什么喜欢她？"

——梅尔文·康纳，《纠结之翼》

在三月的一次明尼苏达州父母见面会上，我认识了杰西·汤普森。那个时节，这个国家的大部分地区已春意盎然；然而在明尼苏达州，孩子们还要等待一个月才能在花园里撒欢。我花了一个星期参加明尼阿波利斯和圣保罗的亲子早教课程，倾听125名家长讲述自己的故事。在这一周里，几乎所有家长都会在某个时间点抛出同样的问题：他们的精神和情绪急需修复，就像家里孩子的玩具一样——橡皮泥硬得像石头，乐高积木丢得满屋子，完美再现了硝烟弥漫的战场。每个听众都像久旱逢甘霖的旅行者，怀揣对自己神圣职责的爱，脸上写满了急需指引、卸下重担的渴求。

明尼苏达州的亲子早教项目一经推出便广受欢迎，并成为该州独树一帜的特色项目，也是吸引我奔赴此地的缘由。只需一笔折价费用——有时甚至免费，任何三岁以下幼儿的父母都可以每周前来参加。父母们的确表现出极大的热情，仅2010年就有近九万父母报名。每堂课的主题都会变化，但都能给父母们提供吐露心声、交流学习和释放焦虑的机会。

每堂课的前半部分都直切主题，父母和孩子在项目工作人员的安排下进行互动。但课程的后半部分才是真正有趣的地方。父母将孩子留给专业教师看护，进入另一个房间，开始享受来之不易的45分钟“成人时间”，喝喝咖啡，放松装束，交换笔记，在一位教育家的引导下进行小组讨论。

我在南明尼阿波利斯的一个小型课程上认识了杰西，几乎立刻就喜欢上她。她属于那种求知欲很强，对自身的美好却浑然不知的女性，举手投足间散发出一种漫不经心的味道。她在讨论会上的发言虽然有时过于偏颇，比如“这都怪奥普拉”，也同时说明她不怕展露情绪的黑暗一面，甚至可以不带丝毫感情地剖析自己，像实验室的医生解剖小白鼠一样无情。比如课程中，她提到有次离开家去见友人，考虑到家里有三个学龄以下的孩子，简直是一次伟大的胜利。“有那么一瞬间，我意识到，或许有的母亲就是这样抛弃自己的孩子的。我几乎可以想象到她们为什么会跳进车里，一去不复返。”独处的狂喜蔓延到全身，她意识到开阔的道路中间只有她一人在疾驰，没有孩子在后座你推我搡，“有那么几分钟我真的开始认真思考，如果就这样一直开下去会怎么样？”

当然，杰西并不是真的打算实施这个疯狂的想法。可以确定的是，她是位负责的母亲，因而她能够在事后坦诚吐露这次逃离的假想。但更加确定的是，她已经精疲力竭，处于崩溃边缘了。她还梦想着将地下室扩展成为正式的摄影工作间，她的生活围绕着各种开销和花费，她最小的孩子只有八个月大。她的经济能力不足以支付孩子的芭蕾或足球课程，更不用说学前教育这样的奢侈品，她甚至连每周一到两次早间保姆都请不起，每回去杂货店采购都要带齐三个孩子。“我偶尔也有自私发作的时候，”她说，“比如我不想再去换尿布，不想孩子们一天二十四小时围着我。我只想跟朋友安安静静的通一次话，不被各种突发事件干扰。”

她极度怀念从前有额外收入的日子。但随着三个小孩子的到来，生活再也回不到从前。就像三十年前艾玛·邦贝克书中角色的一针见血：“自从十月开始，我就再也没有独自去过厕所。”

你一直是位意志坚定的模范，来去潇洒，不带走一片云彩；突然有天就套上了家长的角色，满负荷运转，从此告别正常生活的节奏。育儿初期的生活总被各种研究提名为最不快乐的体验，绝非偶然为之。在那段尴尬的时期里，新手家长缺乏育儿技巧，麻烦却总是不期而至，毫无停歇。曾经严格的自我管理变成这样一团混乱，亲子早教项目采访到的父母都抱怨连天。

一位选择在家陪伴两个孩子的父亲告诉他的家庭主“父”同仁们，有次他在街上遇到了即将赴古巴工作的前同事。“我当时就想，‘哇，简直太棒了’。”这位咬牙切齿的父亲用行动表明，这其实是他听到的再糟糕不过的消息了。他进而补充道：

“我见过看上去更自由的人，他们做着一切我希望自己可以做的事情，可事实是我还有个家庭要照顾。实话说，我想不想要家庭？答案当然是毫无疑问的。我有没有在孩子身上找到慰藉？当然也有。但是日复一日的单调生活有时会蒙蔽你的双眼，直到有天你意识到，自己再也不可能在恰当的时候做想做的事。”

直到最近，父母们的需求才得以浮出水面。只是在我们生活的时代，欲望版图扩张过度，而我们所受的教育说，把愿望一一实现是我们不可动摇的权利（其实是义务）。历史学家罗伯茨在千禧年前的一篇论文中言之凿凿："20世纪比之前任何一个时期都大声鼓吹，人类的幸福是可以实现的。"真若如此，倒的确值得欢庆。但幸福并不算作切实的目标。如果现实达不到期望，我们常常归咎于自己。"我们的生活变成一曲挽歌，悼念不得不牺牲的愿望，狠下心拒绝的机遇，还有那些无从选择的道路"，英国心理分析家亚当·菲利普斯在《错过》中写道，该文收录于他2012年出版的散文集。"神秘的力量让我们相信，哀悼和抱怨是最脚踏实地的事情。"即使我们的梦想永远不能实现，即使它们从诞生之初就拥有巨大的缺陷，我们也会懊悔没能追随到底。菲利普斯说："人们不能想象没有另一种可能性的生活。"因而我们也不得不问自己：如果一直就这样下去会怎么样？

如今，上天给了人们另一个自我欺骗的理由：我们在孩子到来之前会拥有更多时间挖掘潜能。援引2010年国家人口出生率，一篇国家婚姻项目的报告显示，受高等教育的女性平均初育年龄已经达到30.3岁，并且此人群"倾向于选择婚后两年生育"。推迟生育进一步加深了时代的鸿沟，父母在孩子出生前对生活有了更细致入微的记忆，用十年时间独居，尝试不同的工作、情感伴侣和生活方式。

在那一周亲子早教项目的课程中，几乎没人能像杰西那样坦诚地谈论育前和育后的变化。她二十多岁的时候曾远赴德国教授英语，在英国的酒吧打过工，还兼职做德尔塔航空的空姐；现在却成天困在一个300平米的屋子里，只有一个洗手间（不过房子条件还不错）。

快要奔三的时候，她决定在广告业打拼出一片天地。第一个孩子出生时，她的事业的确走上了正轨；后来她开展了一种新的、更宜居家（她自己这样想）的生意，市中心安静的办公室变成了电视机对面的嘈杂小屋。“我真的，真的还在努力挣扎，”她对小组成员如是说，“三十二岁之前，生活里还只有我和丈夫两人呢。”

养育孩子从上百成千个方面扩充了我们的生活，也在上百成千之处打乱了我们自我管理的节奏，从工作到休闲，直至每天日常活动。本书会着手剖析这些被重组的事物，并尝试解释这些变化的缘由。

被偷走的睡眠

早上八点拜访一户人家的好处在于——如果你可以跨过每个人都衣衫不整一头乱发的心理障碍——可以从父母的脸上读出昨晚和今早发生的故事。

亲子早教课程结束几个月后，我来到跟我只有一面之缘的杰西在南明尼阿波利斯的家。她的丈夫是位土木工程师，一早已经奔赴工作岗位了。杰西在家，满脸疲惫，旁人可以猜测她要么起得过早，要么睡得太晚。结果二者都是答案。

“你来之前，我已经抑郁到极点了。”她一边坦白，一边关上身后的门。她穿了一件红紫相间的坦克背心，长发还湿着，随意绑成一条马尾。5岁的贝拉和4岁的亚伯正欢快地跑过房间，完全没有留意到母亲的倦容；婴儿威廉正在楼上酣睡。她解释说：“威廉醒得太早，其他人也起得很早，威廉还吐在他的毛绒玩具上了。”几乎就在同时，亚伯尿了床，意味着床单又要换，他也需要冲个澡。然后威廉开始在餐桌上乱喷果汁，仿佛一支压缩式吸管。“这才是早上7点37分的光景，我只能说，即使对于混乱来说也太早了。”

这就解释了她起早的原因。而晚睡又是另一番光景。一般晚上是杰西得以不受打扰地工作的宝贵时间，但她手头上的活儿今天下午就要截止。让她沮丧的还有一件事：为了节省开支，全家人不久就要搬去郊区了。这次迁徙理论上能够减轻她的负担（“税能减半，房租也能减半”），但她在新社区没有一个相识的朋友。在忧虑和工作的双重煎熬下，她辗转反侧到凌晨3点才沉沉睡去。

杰西承认，有的时候因为过于疲倦只能给全家准备牛奶泡麦片的早餐，“我也认得几位完全没有睡眠困扰的母亲，”她说，“可我就是不知道她们如何做到的，因为我显然无计可施了。”

在所有新手父母的烦恼中，睡眠问题是最恶名昭著的一条。但是无论事前做多少心理铺垫，大多数准父母只有在第一个孩子降生后才能准确理解它的含义。或许是因为他们以为自己了解被剥夺睡眠是怎样的情形，只是持续睡眠不足和偶尔难眠之间差异巨大。大卫·丁格斯，美国最权威的睡眠专家，认为按照对睡眠时间损失的反应划分，人们大致可以分为三类：基本能够很好适应的人，有点调整困难的人，以及灾难性崩溃的人。问题在于，大多数准父母只有在面对孩子时才能弄清自己到底属于哪一种。（我自己就属于第三种，只要两晚睡不好，我几乎就要崩溃了。）

丁格斯怀疑，不论你属于哪种类型，这种属性都不会轻易改变。睡眠缺失导致的情感问题让丹尼尔·卡尼曼的研究小组展开分析，通过对909位德州女性的调查问卷发现，母亲们相比洗涤衣物更不愿跟孩子待在一起。睡眠时间不足六个小时的母亲们相比于拥有七小时以上睡眠的母亲们，不幸福的感觉又上升了一个层面。这个差别如此巨大，甚至超过了年薪9万美元和年薪3万美元的幸福感的差别。（在一些新闻报刊里，这项发现有时被描述为“一小时的额外睡眠时间价值6万美元的升薪”，虽然并不完全准确，也足够贴切。）

2004年美国国家睡眠基金会的一项调查显示，两个月以下新生儿父母的平均晚间睡眠时间是6.2个小时，对于10岁以下儿童的父母，这个数字也没有大的改善，保持着每晚6.8个小时。其他的研究结果则稍微令人振奋些：神经学家霍利·蒙哥马利·道恩斯就此课题也做了不少深入研究，最新的发现是新生儿父母平均每夜睡眠时间与非父母人群均为7.2小时，但关键区别在于睡眠是否连续。

无论从哪类睡眠研究看，几乎所有研究者都可以达成共识：新父母们的睡眠模式是片断的，不可预测的，质量极差，连重塑身体及大脑机能的基础功效都无法达到。正如我在简介里所说，仅仅一小段睡眠缺失也可以达到消耗过量酒精对身体功能的妨害。“所以你可以想象连续三个月每晚只睡4个小时会有怎样的后果，”迈克·博内特说道。他是俄亥俄州代顿市凯特灵医学中心的临床主任，也是一名睡眠研究员。“我们较倾向于将它跟一系列副作用对比，这样那样不好的事情都会发生。但跟酒精的对比才是重点，因为社会公认醉酒驾驶是应该受到责罚的。”

博内特补充道，缩短的睡眠易于激发怒气，却不易容忍和自控。这对竭力保持镇定的父母们来说并不是好消息。实际上，心理学家对于缓慢消磨的自制力创造了专门的词汇，叫做“自我损耗”。2011

年心理学家罗伊·鲍迈斯特和《纽约时报》专栏作家约翰·提尔内合著的关于意志力的书籍，提出了一条重要的论点：自控并不是一口永无止境的泉眼。他们通过调查200个受访对象，得出了一个最有趣的结论，即“人们越花意志力在某件事情上，越有可能在下一起突发事件上爆发”。

对我来说，这个结论带来的问题是：假设父母们花费大量精力抵抗睡意，而睡眠又是人类两大主要宿敌之一（另一个对手是进食），那么到底什么会让父母们屈服呢？我能想到最明显的答案就是想要大吼的冲动。没有什么比冲着整间房里最弱的人大吼能让父母们心情更糟了，但我们却总被拉入这样的循环，无法脱身。杰西承认生气时大吼就是她现在的状态，而她本拥有令人艳羡的成熟又温和的性情。“我会先吼他们，然后因为这件事内疚——为什么自己不能多睡会儿养足精力呢？”

过度的权威

5岁的贝拉踱进厨房，我和她的妈妈正坐在一起聊天。杰西捧着她女儿的小脸，柔声问：“怎么啦？”

“我饿了。”

“你应该怎么说？”

“我能不能吃点东西？”

“好的。”杰西打开冰箱，贝拉直直地盯着里面。亚伯也走了过来。威廉宝贝还在楼上睡觉。“亚伯，你想不想吃酸奶？”

“好。”

“好的，谢谢妈妈。”杰西更正道。“你最好了，妈妈。”杰西笑了，自嘲般地翻了翻眼睛。让孩子们说出后一句话显然是不合实际的奢望，但母亲总有权力幻想。“你们要不要做苹果派啊？”杰西口中的苹果派不是通常意义上的烘培食物，而是孩子们自己发明的，在酸奶上放苹果酱、脆谷乐和肉桂粉的奇妙组合。他们有时还会举行“吃派大赛”，看看谁调出的比例最好。

“好耶！”

孩子们冲向餐厅，我和杰西留在厨房。有那么一阵子，时间在祥和中流过。但几分钟后，我和杰西穿过餐厅往办公室走的时候，正好看到亚伯拿着一块橡皮泥蘸桌上的酸奶。“亚伯！快住手！”杰西大声说，走过去想要阻止，但为时已晚。“不许在桌上玩了，一会儿我来擦干净，好吗？”整个早上，这是我第一次听出她声音里的紧张。她一直如此镇定，几乎让人忘记了围绕小孩子的生活就是一场随时面对突发事件的战役。她擦掉桌上的酸奶渍后愣了一瞬，目光聚焦在威廉宝贝的高脚凳后面的脆谷乐和饼干屑上，显然是他早餐时留下的犯罪证据。她该不该继续清理？反正孩子们又投入了新一轮破坏活动，橡皮泥滚得满餐桌都是。“一会儿再处理吧。”她决定继续往办公室的方向走去。

2005年亚当·菲利普斯在《幸福地图》一书中提出了敏锐的观察：“婴儿很可爱，很漂亮，也招人喜欢，但他们同时拥有让人恼火的特质，这些特质如果套在成人身上就可以称之为厚脸皮。”他还不辞辛劳地列举了一些：婴儿不能控制自己排便，不能使用通用的语言，需要成人无时无刻的监视以防他们自我伤害。“他们似乎活在过于理想化的世界里，整个世界都属于他一个人。”这点对于幼儿也同样成立，欲望过多却缺乏自制。他观察到，“当今的孩子总是要得太多，却总是无组织无纪律”。孩子们就是“过份”的化身。

如果你成年后的大部分时间都和其他成年人相伴，在职场尤为明显，社交细节会塑造你在别人眼中的形象，理性表述则是职场通行证。这就导致在陪伴“行多于思”的人的时候需要充分的时间来调整。（当我第一次读到菲利普斯关于婴儿和疯子的对比时，我三岁的儿子正在房间里应景地大喊：“我！不！要！穿！裤！子！”）

然而孩子们通常都不会认为自己做得过份了。“如果他们意识到在我们眼里，他们有多么疯狂，估计也会大吃一惊的。”菲利普斯写道。在他看来，真正的危险在于孩子将父母逼入绝境的可能性。他们夸大的愿望和行为，过剩的精力，都是摧毁父母们井井有条习惯的定时炸弹。他总结说：“所有当代育儿读物都是关于如何不把孩子逼疯，以及不被孩子逼疯的经验。”

这项观察或许可以解释父母陪伴幼儿时常产生的无力感，即使他们才是手握决定大权的一方。对于学前儿童来讲，所有室内体育活动——从一个沙发靠垫蹦到另一个靠垫，拍打桌子，或者把一碗意面掀到地板上，都属于正常范畴。但在成人看来，那时的孩子无疑像被魔鬼附身了一样。阻止孩子的不当行为是成年人的责任，这就是文明开化的意义所在。但某种程度上父母却倾向于认同，孩子就应该到处捣乱，大声喧闹，不断测试成人的底线。“所有的父母都会在某个时刻被孩子压得喘不过气，感觉孩子们在索求超出他们能力的事物，”菲利普斯在另一篇论文里写道，“为人父母最艰难的事情之一，就是不得不接受自己让孩子失望的时刻。”

生物学上也对孩子让大人烦心的现象做出了解释。成人的前额叶皮层已发育完全，即额头后部的大脑皮层，而孩子们的前额叶皮层几乎还没开始发育。这块皮层具有管理功能，让人们约束自己的想法和行为。缺乏这项功能的话，我们就无法集中注意力。孩子最令人沮丧的一个方面就是注意力不够集中；换菲利普斯的话说，就叫“无组织无纪律”。

但折回来说，孩子们不会认为自己的注意力不能集中。在《哲学宝贝》一书中，心理学家及哲学家艾莉森·高普尼克拿灯笼和聚光灯做出类比：聚光灯只会打在一件事物上，而灯笼却能360度照明。成年人的意识类似于聚光灯，而小孩子的意识则更像一盏灯笼。从生物学角度看，婴儿和学前儿童是极其容易注意力分散的，就像头上长满眼睛的甲虫一样，对周围的世界事事好奇。也因为前额叶皮层掌管自控行为，小孩子也不会因为关注了边缘事物而懊悔。“任何曾试图说服三岁儿童为上课穿戴整齐的人都会感激成人的自控力，”她写道，“如果小孩子能够不在穿衣的过程中停下来研究地板上的每块污渍，穿衣本身会变得简单许多。”

所以大家都能想象，成年人会发现孩子很难跟上他们的计划。父母想给孩子穿鞋，带她去幼儿园。孩子情绪好的话可能会同意，也有可能认为这会儿还是扯自己的袜子比较重要。家长也许有心情纵容孩子的癖好，也可能没这份耐心。无论怎样，父母最终都必须适应。这一点很难，因为成人之所以认为这是一个宜居的世界，部分原因是可以或多或少预测周围人的行为举动。一旦遇到小孩子，预测能力就完全没有用武之地了。

除了理性、注意力和自控，前额叶皮层还掌管着我们做计划、预测和衡量未来的能力。但前额叶皮层还未发育成熟的小孩子不会思考未来，他们几乎算作“活在当下”的典范，虽然这个“当下”充满了永恒的意味。这种思维有时是一种理想化的状态，是冥想者们日复一日修行的终极目标；但对父母来说，“当下”并不是能够伸出援手的良师益友。

“每个人都想活在当下。”哈佛大学社会心理学家丹尼尔·吉尔伯特说，他是2006年的畅销书《哈佛幸福课》的作者。“活在当下是人生中非常重要的部分，这毫无疑问。”但它之于孩子的差别在于，他们只认得“活在当下”的字面意义。父母们就没有那么幸运了。“每个人都以相同的速度迈向未来，但你的孩子在迈步的同时闭上了眼睛，并且毫不减速。此时就需要你来掌握未来的方向。”他停下来想了一会儿。“你知道吗，七十年代的时候，我身边有不少只想活在当下的朋友，而他们都不付房租的。”

现实中，父母和幼儿则呈现出两种截然不同的生活观。父母们懂得为未来计划，而幼儿的焦点只能投射在当下的范围。这种差异对小孩子来讲简直令人心碎。蹒跚学步的孩子不会明白，如果有人拿走你的积木，告诉你某段时间后可以接着玩，实际上并没有剥夺你的乐趣。但是他们并不了解。如果有人说他们不能再吃薯片了，那么漫长的生活里薯片便成为唯一的意义。他们必须现在就吃到，因为“现在”是他们能够实实在在感受到的东西。

然而父母总会下意识地心怀侥幸，以为只要能有效地向孩子传达他们的逻辑，孩子就能够理解他们脑袋里的事物。不幸的是，逻辑思维是成年人在生育之前多年积累的成果，通过长时间的理性交流、解读肢体动作和分析话语言谈才能得到。但是理智对孩子们并没有同样的效力，因为他们的大脑还没有发育到可以消化它的程度。“有时候我的确会犯晕，把女儿当作成年人来交流。”一位名叫肯尼娅的女士在亲子早教课程上坦白。“我期望她能听懂，就好像如果我解释得够详细，她就真能领悟一样。”

当时的课堂指导陶德·科洛德感同身受地点了点头。他之前已经听过一千遍类似的话题了，他把它称作“新一代父母”的难题。**我们错误地相信孩子可以被我们的理论同化。**“但你家三岁的宝贝，”他温和地告诉她，“绝对说不出来‘你是对的，你说的有道理’这样的话。”

心流

“你想跳支舞吗？”杰西问道。“还是枕头大战？击剑比赛？”威廉宝贝刚刚从上午的小憩中醒来，所以杰西暂停了手上的工作。她作为母亲最可爱之处，就是她几乎和孩子一样醉心于游戏。她喜欢伴着音乐摇摆，喜欢绘画手工，喜欢猜谜游戏。“从我的船上下来！”她对亚伯喊道，亚伯此刻正沉浸在海盗的角色中。“到你自己的船上去！”她取下一把轻型佩剑，一首舞剑，一手忙着在iPod上变换音乐。然后她抱起威廉宝贝，转了几圈，露出一个狡黠的笑容。“我要偷走你的船啦！我要拿走你所有的宝物！”

亚伯一下把佩剑丢到地上。

有那么一会儿她看起来有点严肃。“别那么做，你会弄坏它的。”然后又重新进入自己的角色：“少说废话，快来决战！”她前倾身子，用手上的轻剑袭击亚伯，又握着威廉宝贝的手做了同样的事情。然后她放下手中的婴孩，开始挠亚伯痒痒。他一开始还被逗得咯咯笑，当杰西摸上他的肚皮时就开始推拒。

“别那么做。”他告诉他的妈妈。他们互动的节奏再次打乱了。

“别这么做？”她说。“你知道我为什么这么做？因为我爱你呀。”她把他翻了个个儿。

“不！”他抗议道。

她审视地看着他。“你今天起得太早了，是吧？那好，不玩荡秋千了。”她决定换首歌，也改变一下策略。她把不高兴的儿子正面抱起，让他维持着考拉的姿势。这时候音乐也换成了一首优美的西班牙情歌。他们开始慢慢跳舞。音乐在他俩周围落下一层保护，他们如此投入，仿佛跟我不在同个维度一样。亚伯融进了妈妈的臂膀，妈妈也呼吸着他的气息。

世界上恐怕没有神笔能够尽善地描绘出这些突如其来的温情时刻。它们是突然降临的恩赐，在皮肤上留下温柔的回忆（幼儿头发上香波的味道，他们莲藕般的娇嫩手臂）。体验这种温柔的魔力，其实就是我们来到世间的意义，不是吗？

难解的是，这种美妙时刻（尤其和幼儿一起）为何总在饱受折磨之后才出现，那么脆弱，转瞬即逝，短似两个逗号之间的插入语。仅仅享受了慢舞几分钟后，威廉宝贝就倒栽葱摔到地上，放声大哭。杰西一边跳舞一边向他走去，带着焕发的神采柔声逗他。

这种恩赐的时刻为何如此稀少，我倒有一个想法：早期的家庭生活无法让成人达到心理学家称为“心流”的境界。简而言之，心流境界指一个人将全部注意力集中在某件任务上，自我管理和自我控制意识逐步减弱，最后失去了对于周围一切的感知，仿佛时间突然静止一样。运动员经常体验心流，尤其是每次投篮或完成过人的时候（他们管它叫做“无人之境”）；艺术家也常能体验心流，尤其是音乐和颜料从他们的头脑里倾泻而出的时候。

心流也存在悖论认知。它经常被定义为感官的缺失，体验到的却是一种高度集中的极乐。它成为了情感生活中最令人陶醉也最公平的一部分：几乎所有人，无论具有何种气质性情，哪怕沉迷于忧郁伤感，都能拥有这种能力——沉浸在自己喜爱的事物中并一展所长。

若想体验这种令人着迷的魔力，首先需要周遭环境的配合。匈牙利心理学家米哈里·契克森米哈赖的研究非常具有启发性。他致力于心流研究数十年，深度探索催生心流的条件，探究在不同文化背景下，人们最深层的满足来自何处。他研究了数千名被访者的心流体验，并于1983年研发出一种创新性的测量方式：在随机时段联系不同被试者，记录他们此刻正在处理的事情以及他们对此的感受：无趣？投入？掌控？惊吓？压力？还是愉快？他将这种测量方式命名为体验采样法，并在他的领域产生启发性的作用。研究者们第一次得以区分被试者处于心流中的感受和他们回想起心流体验的感受。

契克森米哈赖最终发现心流体验的惯有模式。大多数心流体验发生在任务目标明确且步骤严明的情况之下。实际上，多数能够带来心流体验的活动，其自身设计就能吸引注意并且拓展参与者的能力，例如竞技类运动或高强度的工作。“具有规划，有一定技能要求”，契克森米哈赖在1990年出版的《心流》（Flow）一书中写道，“它们有明确的目标，可以给参与者提供及时反馈，并帮助参与者实现自我控制。”

理论上讲，年幼的孩子喜欢规则，只是对规则的适应能力不一而同。所有家长都曾计划过完美的一天，首先是动物园，然后去冰淇淋店享受悠闲的时光。但这些计划最后都变成了家长们的一厢情愿。跟孩子在一起的大多数时间都毫无剧本可言，即便父母打好草稿，孩子们也很可能拒绝遵守。这就是前额叶皮层发育不全人群的真实写照，他们的神经回路也拒绝集中。高普尼克在《宝宝也是哲学家》（The Philosophical Baby）一书中直言：“这种灯笼般发射的意识，完全站在心流体验带来的独特乐趣的反面。”要体验心流必须付出紧张而集中的注意力。但幼儿天生爱好新奇，生活之于他们随处是刺激。如果他们不能进入心流状态，成人也很难专注于自己的事情。相似的还有，如果同队伙伴的注意力不能集中，运动员也很难找到自己的节奏。

亲子早教课程里，这个主题也常被提出讨论。有一次，退休教师安妮特·葛亚迪在讨论会上询问父母们，合理计划的一天能否让他们更加幸福。一位母亲打断了她：“只有计划顺利的时候才会觉得幸福。如果过程中出现各种灾难和混乱，我只会懊悔：‘之前何必要计划呢？反正总有各种意外不是吗？’”

“这就是我通常不抱希望的原因。”另一位妈妈开了口。“当目标定到最低才有可能得到惊喜。”

清晰的计划并不是心流现象的充分条件。契克森米哈赖发现，当处在“无聊和焦虑的中间地带”且行动力足以应对挑战的时候人们最有可能感受到愉悦。然而幼儿的父母们常常陷入无聊和焦虑的两极，而不是在两者中间找到舒适的平衡点。“某种程度上说，陪伴幼儿的时间并不是我们最幸福的时刻，”社会心理学家丹尼尔·吉尔伯特总结道，“可能是因为他们需要我们，但我们却达不到他们的期望。也可能因为他们根本没那么多需求。”

让我们回顾一下杰西灵机一动想出的舞会是怎样结尾的。威廉宝贝开始大哭，但一时间她想不出有效安慰的方法。她试过摇摇他，试过喂他脆谷乐，甚至在亚伯还趴在她肩头就试着把威廉宝贝也抱起来。但最终起效的却是一个重复的动作：把洗衣篮里一条干净的裤子盖在威廉的脑袋上，然后一下扯开。“威廉去哪儿啦？”她问。“喔，在这儿呢！”再来一次。“威廉去哪儿啦？”“喔，在这儿呢！”虽然很无趣，也不会让杰西体验心流，但它的确奏效了。

在父母们当中，“无趣”是一个很尴尬的话题。每次说起它都好似背叛，就像承认跟孩子一起度过的时间并非高潮迭起。但即使本杰明·斯波克也会这么想。他是一位饱受爱戴的儿科专家，主导了二十世纪后半叶的育儿咨询领域。“实际在许多优秀父母看来，完全陪着孩子也是很无趣的事。”我参加的亲子早教课程对这个话题有过许多讨论，杰西还发了言。课程指导自己也承认，在女儿小的时候一起玩的“小马游戏”其实非常没意思。“无趣是我作为父亲最糟糕的感受，”吉尔伯特回忆道，“把球扔出去再捡回来，扔出去再捡回来，无穷无尽的重复。还有‘能不能再来一次’，‘能不能再把上次的故事读一次’，有的时候我会绝望地想，天啊，谁给我一枪吧。”

在《心流》里契克森米哈赖解释说，心流常常发生在日常琐事之外，而不是日常琐事之间。养孩子本身就是日常琐事，陪伴孩子的人不能掌控事情的发展节奏。但是人们对特定环境下甚至更加危险的事物却表现出强烈的掌控能力，比如滑翔运动，深海潜水或者赛车运动，因为运动员看到了成功的可能性，“都有感受心流的记录，显然强烈的自控发挥了重要作用”。最重要的是，心流是在他们的工作里体验到的。看起来或许反常，一旦了解工作本身多么符合引起心流体验的条件，就能认同这是自然而然的事情：制订规则，有明确的阶段性目标，还有及时的反馈机制。

读完《心流》之后，有读者会错误地认为，人们只有在独处时才会产生心流体验。契克森米哈赖提到的钓鱼、骑自行车、攀岩、做数学题、听音乐和创作并未涉及社交活动，更不用提跟孩子的互动了。

我被《心流》一书中诸多负面暗示所震撼，为了父母们的身心健康，我决定与作者面谈一次，确保我没有误读他传达的意思。最终我在菲律宾的一次会议上见到了契克森米哈赖，他是会议邀请的演讲者。当我们面对面坐下来，我首先问道，为何《心流》一书中描写家庭生活的部分只有寥寥数页。“让我讲一些你可能会感兴趣的事情。”然后他给我讲了他自己的故事。当契克森米哈赖最先总结出经验采样法时，他先拿自己做了实验。“那周结束之后，我看着自己的记录，突然发现一件奇怪的事情。每当我和两个儿子在一起，情绪就会变得非常负面。”他的儿子那时已经不是蹒跚小儿，快要入学了。“然后我说，‘这毫无道理，因为我如此以他们为荣，我们的关系也非常亲密。’”但接下来，他开始仔细回想到底当时在和儿子们做什么，竟导致自己的情绪如此反常。“我在说，‘该起床啦，不然上学也要迟到了。’或者‘你怎么没清理早上的麦片碗。’”他在唠叨，很显然唠叨不属于心流活动的一种。“我意识到，父母的责任有很大部分都包括纠正还未踏入文明社会的行为模式。”

我问他的数据库里是否有家庭生活相关的心流体验，因为书中这方面的内容只字未提。他说的确有。“但非常少。家庭生活的模式决定了进入心流的难度，因为人们总是假设家庭生活是让人放松且愉悦的。但事实恰恰相反，人们很容易感到厌倦。”或者失去活力，这是他谈论如何管教儿子时说的。因为孩子们总是在变化，对付他们的“规章”也要随之变化，因此削弱了一个家庭进入心流状态的能力。“然后我们跟着陷入了冲突的漩涡，循环往复。这就是为什么我说工作中更容易进入心流的原因。工作更有条理性，它的组织架构更接近于比赛，有着清晰的目标，明确的范围，你还能得到反馈，知道哪些已经完成了，哪些还要做。”“在一定程度上，家庭生活的毫无章法本应让人们感觉自由，却最终变成了自由的妨碍。”

分散的注意力

刚刚过午，威廉开始今天的第二次小睡，杰西坐在电脑前，盯着她最新的一幅摄影作品。它看起来很不错，画面里一位女士推着一辆红色的双层婴儿车。但杰西似乎不太满意。与这位客户预约在明天傍晚见面，杰西决心要把她的影集准备好。

贝拉走了进来。“妈妈，我需要帮助。”

杰西的眼睛仍黏在屏幕上。“怎么啦？”

“我想玩电子游戏。”

“现在不能玩。去看电视吧。”

“我需要你帮忙。”

她叹了口气，从椅子上站起来，走进正对着办公室的客厅。“贝拉，你需要先换频道。这里。”她按下一个按钮。

如果你只想尽心照顾孩子，进入心流已经足够困难；如果你打算一边照顾孩子一边工作，更是难上加难。这却是当今无数人试图达成的目标。根据劳工统计局的数据，有近四分之一的职场男性和女性有时会在家工作。即使完全在外工作的人也会感觉到，客厅和工作间的界限正在逐渐消退。工作的随身携带的性质让我们产生一种印象，似乎自己可以随时待命。在很久以前，只有医生们会在下班后被突发事件打扰。而现在，许多职场人士都让人感觉他们所做的一切都很正常。紧急情况变成家常便饭，夜深了短信还在响个不停。这种生活正是反心流的典型状态，人们习惯了被打断，习惯了永远做不完的任务。

这个问题也在亲子早教课程里不断浮出讨论。不断闪烁的智能电话，尖锐的电子邮件提醒，成为父母间令人羞愧的软肋，仿佛打扰他们的不是电话和电邮，而是自己的孩子一般。一位父亲这样总结他的感受：“有时能抛下所有工作，仅仅陪着儿子都让我感到无比雀跃。但有的时候，我脑子里只想着如果找到人来看孩子，我就能回到电脑前工作。这种感觉真是太糟了。”

父母们试图把工作控制在家庭之外的意愿非常明显。杰西花了很长时间谈论她被分散的精力——摄像工作和孩子需求的拉锯战，她如何在情感和脑力上疲于奔命。她知道自己想待在家里。她的母亲在贝拉出生的两年前就过世了，这个悲伤的现实让她认识到时常陪伴孩子的重要性。她也曾是一名职场精英，像众多具有硕士学历、拥有自己公司的女性一样成功。她也的确热爱自己的工作，尤其享受工作带来独立感和自豪感。但她仍然不懂得如何掌握生活的节奏，平衡工作和家庭的需求，尤其在第三个孩子出世之后。“回想起昨天，”她在课堂上说，“我其实明白好妈妈应当怎样做，我明白自己应该停下来。”她今天编辑图片时，威廉突然哭了起来。“我知道把奶瓶递给他，抱一抱、摇一摇，就能哄住他，但截止日期一直在我脑子里悬着，不知为什么我就是不肯放弃。所以我继续给那位客户发邮件，试图回到工作里，同时也在憎恨自己，懊悔自己的行为。我甚至不能确定为何做出这样的选择，因为最终也没有哪方从中得益。”

从神经学角度看，当我们坐在电脑屏幕前，很容易对事务的优先级产生困惑。单单电子邮件就会毫无预兆的出现，正如斯金纳著名的反射研究，不可预料性是哺乳动物大脑最有诱惑又最易养成习惯的奖励模式。（想象一下：如果你知道多久之后能得到3颗樱桃，老虎机还会像现在一样有趣吗？）

除此之外还有一点：我们的神经系统在面对电脑屏幕时会解除管制。这是微软前高管及研究员琳达·斯通得出的结论。她注意到人们在电脑前工作时总会屏住呼吸或者呼吸变浅。她给这种现象取名为“邮件呼吸暂停症”或者“屏幕呼吸暂停症”。“这是压力的表现。”

她在邮件中写道。“在电脑屏幕前，我们会变得比平时更加浮躁，更加冲动。”

同时智能手机和家用无线网络成为了中产家庭父母们的福音，给予了他们在家工作的弹性。纽约大学社会学家道顿·康利认为，“一边在家带孩子一边工作的人士总是在工作”。他在《其他世界的美国》（Elsewhere USA）一书中进行了描述。“工作变成引擎，人们困在公务车里，得到的却不是想象中的自由和高效。”因为网络的四通八达将我们带入真实的谎言，以为自己能一边保持自己的工作习惯，一边照顾孩子。

这种安排导致的问题显而易见。正如杰西所说，同时做两件事情，结果哪件都没做好。人类或许对于两件任务随时转换的能力沾沾自喜，但许多研究已经表明，这种变换任务的能力并非毫无瑕疵。微软公司另一位专家玛丽·杰尔温斯基认为，当我们不断转换任务时，对于信息的处理会变得不完整，也就是说这些信息不会进入我们的长期记忆库，也不会激励我们做出最明智的选择。更不用提转换任务还会浪费时间，因为真正进入工作状态、建立头脑储备都需要花费一定时间。

这仅仅是办公室工作的情况。若我们尝试在家里办公，工作质量上打的折扣还会更大。办公室里的干扰，比如某个同事电邮询问备忘录的事情，几乎不会让人精神焦灼。但来自孩子的干扰则不然，经常带来强烈又不易消除的精神影响。“开始是一段血压升高的过程，”密歇根大学研究多任务工作的大卫·迈尔解释说，“然后慢慢冷静下来。但两个过程都会占去工作的一大部分时间和精力。情绪激发后分泌的荷尔蒙会在血液里停留数小时，有时甚至数天。”尤其是产生了负面情绪的时候。“如果这个过程包含了生气、悲伤或者其他佛教信徒称为‘破坏性’的情绪，会给你本应平和参与的事务带来更加负面的影响。”

想象一下你正在专心工作，孩子突然间爆发哭喊，或许饿了，或许擦伤了膝盖，或许跟姐姐打架了。人们对这些干扰的反应虽然各不相同，但是“当你在这两个不同的窗口切换时，工作就到头了。这是情感上的任务转换。我不知道是否还有人这样描述过，它并不像表面看上去那么简单。”

不管如何下手解决，这个插曲最终都会以负罪感收场，要么愧疚自己忽略了孩子，要么愧疚自己放弃了工作。职场父母已经承担了足够的负罪感。根据道顿·康利的观察，那个错综复杂的阶段里父母们随时都在负罪感中度过，因为他们总不能顾及到所有的事物。

现在正在为您实况转播杰西一家。她帮助贝拉调好电影的三十分钟以后，贝拉再次走了进来。“妈妈，它不吱吱吱了。”她试图用“吱吱”来模仿录影带转动的声音。杰西家仍在使用盒式录像机。

“它不能倒带了？”

“是的，不能倒带了，我想再看一遍巴尼。”

杰西从桌前起身，和贝拉一起走进客厅，简单教给她如何倒带，然后第三次回到办公桌，试图调整相片里不和谐的光线。她仍然不满意手上的成果。“我担心这张照片修得太过了。”

贝拉从门口走进来，这次泪水在眼眶里打转。“还是不能用！”

杰西一心一意地盯着她的女儿。“这有什么好哭的？”贝拉穿着一件粗布短裙，臀部有两个心型的小口袋。她看似正在思考妈妈的问题。“深吸一口气，好吗？冷静一点。”杰西走到电视机旁：“看到这个没？”她指着录影机，看着贝拉。“先按这个让录影带倒回前面，然后再按播放就好了。”

她第四次回到办公室坐下。从最开始算起，她在电脑前连续工作的时间加起来还不到半个小时，而她的丈夫晚饭时才能回来。“我有时候会感觉孩子们压得我透不过气来，工作反而是一种巨大的放松。”她这样说。“但此刻我并不想逃避，截止时间就悬在我头顶。”她抬头看了看。“我好像听见婴儿的哭声。”应该是威廉宝贝醒了。“糟了。今天的工作量还不够。”她摆弄起屏幕上的一张照片。“这是个脑力活儿。我摄影的时候要全面考虑光线、背景、着装搭配和道具。修图的时候要让照片看起来充满魔力，同时又不至于让人一眼看出修改的痕迹。”但每当她沉浸在自己的工作里，孩子们又开始召唤她，就像现在一样。“看到了吗？”她看着我，等我跟上她的思路。我摆出一个“不懂你在说什么”的表情给她。“我一直跟自己说，修完这套打开的照片就去看威廉。”她指了指楼上，上面一片寂静，刚刚的声音已经消失了。我们都沉浸在自己的思绪里，甚至都没意识到威廉已经停止哭泣了。

错失良机

杰西其实可以推迟她的职业梦想，等孩子们年龄大一些再作打算。许多女性都这样妥协了。她可以选择放弃收入和工作带来的成就感，至少会比现在轻松许多。她可以将时间和精力都投入到孩子身上，摒弃其他目标，也不必始终被负罪感笼罩着。

杰西也可以选择事业，走出这座阻在她和梦想之间的房子——如果她仍旧希望为家庭贡献财力并充分挖掘自己的工作潜力的话就应该走出去，对吧？在朝九晚五的时间里，她将真正进入“工作”角色，而不是做着倒录影带或者擦掉桌上的酸奶之类的事情。毫无疑问，这样的情况需要前期投入——贷款，但至少可以让她真正体验到心流，工作时是摄影师，回家后再做母亲。当然，即使手机还会震个不停，邮件一封接一封，至少还能在工作和家庭间正式划清界线。

但杰西却选择了最艰难的道路。她想要一举两得，结果被困在全天候的突发事件里；她想要平衡工作和家庭，却从来分不清孩子们何时需要关注，也不懂该如何应对截止时间。

如何缓解焦虑也令女性头痛。最近随着一场掀起轩然大波的争议，这个问题又重新回到人们的焦点之下。如果你是谢丽尔·桑德博格，脸书的首席运营官和畅销书《向前一步》的作者，你会相信女性不应阻碍自己的职业梦想，要勇敢发声，维护自己的权利，捍卫自己在会议室的一席之地，并自豪地穿上不亚于男士的裤装。如果你是前美国国务院高级官员安妮·玛丽·斯劳特（她曾在2012年6月的大西洋月刊上刊登了一篇关于平衡生活和工作的文章），你会相信当今的世界格局容不下女性争当职场&家庭双料冠军的野心，因为社交活动和经济来源的改变不可违逆。

两种观点都不无道理，也不是一枚硬币的对立两面。如果试图将问题单一化，就变成讨论女性是否可以“两手抓”以及实现目标的方法。但事实上多数的女性和男性仅仅追求灵肉合一，“两手抓”

与女性需求的关系并不明显。

几代之前，大多数人早上醒来的时候，并不会忧心自己是否实现了生命的最大意义。自由的概念早已融入美国的骨血，但下午翘班攀岩、学习手艺或偷10分钟读报的自由直至最近才融入了大众观念。这一点非常重要：如果大多数人感到选择太多的压力，不知如何才能正确抉择，原因可能仅仅是从未面临过这样的选择。

社会学家安德鲁·切尔林在2009年的《婚姻木马》一书中也明确表达了这一观点。新英格兰殖民期间，家庭成员基本没有满足个人兴趣爱好的机会。孩子太多照顾不过来（普利茅斯的家庭平均拥有7至8个孩子），安静平和的生活对于所有人都是奢侈。典型清教徒式的家庭结构也不允许家庭成员独处，大多数活动都集中在一间大屋子里。切尔林写道："个人隐私属于现代个人主义里常被忽视的一方面，并且永远不能被优先满足。"从出生那刻开始，人们就陷入了义务和角色织成的大网里，毕生都在社会的期望里循规蹈矩，以履行义务和扮演角色为人生目标。

直至工业社会到来，人们才逐渐掌握了自己的命运。成群的年轻人第一次离开了家庭的范围活动，踏入飞速扩张的城市，在林立的工厂里谋生，不仅可以选择自己的职业还可以选择自己的伴侣。进入二十世纪后，女性对自己的生活拥有越来越多的决定权。大多数人对此诧异不已，他们曾经以为1960年以后，女权主义运动蓬勃发展才导致了女性社会地位的提高。但历史学家斯蒂芬妮·库茨在《往昔如梦》一书中指出，从二十世纪初期开始，美国外出工作的女性数量一直稳定增长。但二十世纪五十年代，即通常意义上的家庭黄金年代，女性的指数却不太寻常：她们第一次婚嫁的中值从1940年的23岁降至20岁，婴儿出生率提高（有三个以上孩子的主妇数量在20年中翻了一番），从高校退学的女性比男性更多。

二十世纪六十年代，男性和女性的高校退学率再度平衡，间接给女性带来了更多职场机遇。六十年代见证了避孕药的发明，它让女性得以自由地规划家庭（比如选择伴侣时不必因为意外受孕而踏入婚姻）。七十年代则诞生了更加开明的离婚法案，女性在经济上得到保障，可以自由地离开不幸福的婚姻。

所有进步都折射出一种尊重个人选择的文化。中产阶级的男士和女士能够自由选择自己的生活，这是从前想都不敢想的。二十世纪七十年代的解放自由运动相比于今日自我价值的重要性，根本不值得一提。“无论学历高低，美国人都认清了当今的事实：半个世纪之前可供选择的生活方式还寥寥无几，如今世界却充满了各种可能性，”切尔林写道，“你必须一次又一次地作出选择，基于个人的生活情况不断评估自己，就像持续的心率检测一样。”

大概不会有人想退回进步之前的年代，拱手让出自由的权利，它是经济繁荣、科技进步以及女权扩张下来之不易的产物。我的母亲在布鲁克林的海洋公园和磨房盆地长大，结婚之后才有机会搬出父母的房子，进入自己的世界。那个时代女性的胜利在于重新书写了社会规则，他们的子女们可以自由租房，投身事业，在想结婚的时候踏上红毯，在双方无法继续相处的时候和平分手。

但是婚姻自由对于两性关系来说却并非锦上添花。库茨认为随着时间的推移，人们开始将自由定义为“负面，缺乏依靠，不愿对他人负责的观念”。

如果这就是人们心中的自由——不受道德干涉，毋需承担义务——放在育儿上就更令人胆颤心惊了。大多数美国人都可以自由选择或更改伴侣，中产阶级也有少许余地更改事业轨道，但人们唯独不能选择或决定自己的孩子。在“永恒都是浮云”的文化里，孩子是社会的最后一条防线。

所以当杰西幻想跳进车去，沿着公路一开到底时，因天性使然她并没有付诸行动，所以这个疯狂的计划只盘旋在她脑海里。亚当·菲利普斯观察到，不管人生如何顺利，大多数人都会“学着在理想和现实之间生活”。最困难的就是放开对薄雾的迷恋，认识到毫无限制的人生最终也毫无意义。

MARRIAGE

第二章

关于婚姻

妻子似乎没打算控制投向我的怒火。“你只考虑自己，”她这么对我说，“我从没想到会是我撑起整个家。”

——巴拉克·奥巴马，《希望无畏》

杰西·汤普森的亲子早教课程或许短小精悍，安吉丽娜·侯德的却庞大而细致。小组成员发言时可以明显感觉出因他人的困扰带来的轻松感（比如“你见过我几个月之前的样子，我再也不想结婚了”）。她们鼓励大家轮流讲故事，并在前人的基础上总结发言。这个小组的活力和善意一部分来自是运气，一部分也来自单调枯燥的郊区生活：这些女性比生活在密集区域的同龄人更容易觉察社交圈的孤立，因而也对普通的交际活动更感兴趣。

这个特殊的亲子小组涵盖了律师、警局调度员、女子篮球教练、计算机科学家和兼职雇员等不同的职业，几乎半数的成员都暂别了工作，留在家中全职照顾孩子。剩下的一半目前还在兼职，试图在工作和家庭之间找到平衡——在她们自己的讲述中，就好像在保龄球上保持平衡一样。

在前言里已经介绍过的安吉今年二十九岁，还属于这个小组里的年轻一代。她的丈夫克林特也是少数能偶尔参加课程的丈夫之一。

“我能不能先讲？”她问。“上两周是我一生里最糟糕的两周时间。伊莱（她三岁的长子）得了肠胃型流感，几乎不怎么睡觉。一切都落在我的肩上，我要和孩子们一同起床，把他们都收拾停当后就要工作，没法补觉，而家务还是我做。”她的声音有点发颤。“我和我丈夫的关系简直糟透了，他完全不明白我的处境。昨天他胃有点不舒服，就把所有事情抛给我。我说，至于吗？好吧，你是有点胃痛，但谁顾得上管你？”

她大喊着：“我还是护士呢！”

同组的伙伴已经笑得前仰后合。她也笑了起来，匆匆抹了把眼泪。“他觉得因为自己每周工作五天，从早上五点到下午两点，还负责扔垃圾——”

“他负责扔垃圾？”有人插话，“负担简直太重了！”

“或者因为他铲雪或修理水质净化器，”她继续说道，“我就应该比他多照顾孩子。”

“他是不是还说过，‘反正他们总是找妈妈’？”另一位女士开口说。“因为我的丈夫就会说‘他们不让我帮忙’。我心里想，如果你真的肯花时间去做……”

“我的丈夫有那种‘我挣钱，其他归你’的情结。他回到家说‘我忙了一天’，我就想‘天啦，那我今天都做了什么’。”另一位也加入了讨论。

“许多不满渐渐积累起来，”安吉说，“有天我准备和他谈一谈。结果他说，‘好吧，如果你做这样还有那样，或许我会平衡些，就多照顾孩子一点。’”

“他明不明白这不是讨价还价？”第四位忍不住了。

“我们后来提出了各自的想法，情况好了几天，没多久又回到了原点。”安吉解释说。

“你得给他三令五申。”另一个人开口。

这件事情就这样解决了。她的判断是决定性的，因为她是名警局调解员。

除了个人习惯被粗暴打断，孩子带来的最天翻地覆的变化就是婚姻。第一篇挑战传统育儿心理学的著名论文——利玛斯特1957年发表的《育儿危机》以夫妇为研究对象而不是单方面的父亲或母亲，也就不足为奇了。

在利玛斯特的论文里，83%的新晋父母都身陷“致命”危机。听起来或许言过其实，在此之后也再没有人提出如此极端的假设。但当代关于育儿期父母转变的研究却颇具启发性。2009年某项大型研究里132对夫妻的数据显示，约90%的人在第一个孩子降生后对婚姻的满意度打了折扣。2003年，三位研究员调取了近100个问卷的数据，试图分析孩子与婚姻满意度之间的联系，结果发现“仅有38%的年轻妈妈的婚姻满意度高于均值，相比之下62%的无子女妈妈的婚姻满意度都高于均值”。在1992年出版的《从爱人到父母》一书中，夫妻搭档的先驱卡罗琳·科文和菲利普·科文指出，他们纵向研究的100对左右的夫妻有近四分之一报告说在孩子18个月大的时候，婚姻会承受“一定的压力”。“在我们的调查里，也有比较乐观的夫妻，但还是少数。”

美国价值学会指出，共同育儿的父母要比单亲孩子的父母更容易感到幸福，这是事实。不管有没有孩子，大多数婚姻的激情会随着时间慢慢消退，这也是事实。但几乎所有调查研究都达成共识：婚姻满意度曲线基本从孩子降生之时开始产生明显转折。有些研究声称育儿仅仅是加速了激情消退的进程，也有人认为婚姻满意度取决于孩子的年龄——新生儿降生是婚姻最大的挑战；当孩子达到学龄，压力会逐渐缓解；随着青少年时期的剑拔弩张，婚姻的压力又会回升。

然而令人费解的是主流育儿书籍并未对这些理论中的任何一条进行分析，只是老生常谈“如何规划约会之夜”。在社会科学领域里，从夫妇到父母的转变也鲜有研究，为数不多的材料都来自研究员本身。无独有偶，被主流定义为学术书籍的《当伴侣变成父母》，尽管整本书以多年调查的严谨数据为主，但开篇故事仍具有相当的私密性。科文夫妇描述了他们年少时相遇、早早确定关系、并且很快迎接三个孩子到来的过程。“当孩子们达到入学年纪时，”他们写道，“事实便再也无法掩盖：我们夫妻的关系已硝烟弥漫了。”他们也注意到身边的朋友也有相似的困惑：

当我们倾听其他夫妻在婚姻中的苦闷和挣扎，对其美好幻想的残酷破灭，却仍苦苦寻找解救婚姻的方法，我们注意到很多共通之处。现在人们都在夫妻关系里承受莫大的压力，但回想起矛盾根源，几乎所有人都会追溯到最初组成家庭的时候。

在成为父母之前，伴侣们总认为孩子是两性关系的纽带，想象随着孩子的到来，夫妻纽带将得以加强，并拥有了持久的力量。事实上，有了孩子的夫妻也更不会轻易选择离婚，至少在孩子年幼的时候。但同时也更容易爆发冲突。科文夫妇在书中总结，有92%的被访者称孩子出生之后，夫妻间的争论变多了。这个现象并不限于异性恋关系。2006年的一篇论文称女同性恋伴侣在孩子诞生后争吵和冲突也会增加。2009年，由三位心理学教授精心设计的研究结果显示，孩子比其他事物更容易引起家庭纠纷，金钱、工作、婆媳关系、不好的个人习惯、沟通风格、休闲爱好、空口承诺、麻烦的朋友和夫妻情事都排在其后。他们在另一项研究里也发现，父母在孩子面前更容易爆发激烈争吵，父亲会显出更多的敌意，母亲则表露更多的悲伤，争吵的过程也往往不易结束。

其中一位研究员马克·卡明斯认为父母公开对抗的原因其实很简单："当父母们真的动怒，他们就会丢掉自制力，不愿关上门去吵。"事实或许真的如此，但基于个人观察走访的数据，我认为还存在另一种可能性：**父母在孩子面前会更加激进，是因为孩子本身就是险峻人生毋需多言的证明。**关于丈夫缺乏工作上进心、妻子对女儿过于苛责的争吵，本身已经脱离了工作习惯或管教风格本身的因素。这是关于未来的争论——父母做出的行为榜样，他们理想中自己的形象，以及他们对孩子寄予的期望。你想让孩子看到自己的父亲不敢与外界打交道，连升职加薪的进取心都没有吗？如果女儿长大之后只会大吵大闹，你觉得她是从谁那儿学来的呢？

不管如何阐释，孩子出生后增多的家庭争吵源自许多潜在的问题。社交和个人生活被打乱，婚姻双方面对巨变产生的危机感，诸如此类。这些问题本章都将进行探讨，但我想从一个平淡无奇却具有普遍性的问题着手分析——夫妻双方的家务分工。当孩子到来之后，家务劳动量呈指数级暴涨，关于谁来负责哪部分的约定却在不断升级的混乱中被经常性忽略，约定到令双方都满意的难度也远远超出大多数人的预料。一部分是因为当前的大环境里女性都参与工作，不容易找到范本；还有一部分也因为家庭琐事不仅仅会影响当事人的认知态度，还会搅起许多深埋的情感问题。

女性的工作

我出现在明尼苏达州罗斯蒙特的安吉家里那个早上，她和杰西一样精疲力竭，却并非因为前晚大量的工作。

安吉那晚一边忍受腰背痛的煎熬，一边腾出手照顾哭个不停的小儿子，但两边都没讨到好处。她给我开门的时候还抱着一岁的泽维尔（小名叫“泽”）——“只要一把他放下就要哭”。三岁的伊莱正在后面的露台享受他的恐龙麦片，我们走过去跟他坐在一起。他是个严肃的年轻人，留着精神的板寸头，善于思考，精力集中。安吉揉了揉他的脑袋，让他赶紧吃完。几分钟后，我们一行四人坐上车，前往当地一个名叫“小探险家”的暑期项目，这是个一周两次的课程。

就像杰西一样，我也是亲子早教课程几个月后才又见到安吉。安吉也坦诚地讲述了生活中遇到的各种困难，却从不怨天尤人。安吉和她的丈夫克林特都是轮班制工作，他们的现状给婚姻造成了莫大的压力，尤其还要考虑到家中年幼的孩子。他们两人都感觉自己是单亲父亲/母亲，一个人照顾孩子，还要匆忙赶去上班，而另一方从来都帮不上忙。这样的情形就注定了工作日里总有某个人会筋疲力尽，休息日也增添了不小的烦恼。伴侣们站到了彼此的对立面，争辩谁来负责相对简单的任务，谁能忙里偷闲骑趟自行车或打个盹，显然每个人都认为自己这周过得最艰难。“我们在同一个家庭却过着不同的生活，持有各异的观点和意见，”安吉告诉我，“我总是要考虑各种情况、各种困难和障碍，他却不一样。”可以预料到克林特大概也是相同的感受。

有趣的是很多年轻的父母即使过着同步的生活，仍然感觉跟对方格格不入：他们早晚分头照顾几个孩子，周末也被各种琐碎的事情占满。生活的粗糙以十倍的放大效果呈现在夫妻们的眼里。“现在我们的生活就保持着脆弱的平衡，”安吉说，“如果有任何一点事物超出了正常的边界——比如泽晚上不睡觉，狗狗生病了，我的身体罢工了，家里一切都会乱了套。”

我去拜访安吉的时候，她是一位精神科护士，每隔一天上班，下午两点半离开家，直到午夜才回来。克林特是机场店的早班经理，每天清晨四点起床去工作，下午两点一刻左右到家。每周几次——比如今天，克林特和安吉只有15分钟的重叠。

安吉和我带着伊莱去夏令营。送完孩子回到车上，我问安吉亲子早教课程之后，她的生活发生了怎样的变化。她看起来有点心烦意乱：“昨晚克林特和我产生了一点小争执，”她清澈的蓝眼睛看起来很精神，完全不像昨晚只睡了两个小时的样子，“我想让他去照顾狗狗，他却是一副‘干嘛看我’的表情！”

她家的狗狗名叫“爱可”，把它带回家是安吉的主意，她觉得孩子们会喜欢狗狗，她是正确的。但问题在于克林特认为依他们的生活状况，从零开始训练家犬简直是火上浇油，他也是正确的。“所以我说，‘那你晚上起来照顾孩子。’”克林特也的确起了几次床。“但凌晨3点婴儿又开始大哭了，处理问题的还是我。”安吉说。

克林特为什么不去？

“因为我过意不去！”她说。“他没醒，孩子又哭个不停。但我背痛突然发作，直不起腰来，然后我也开始哭了……”所以克林特从床上爬起来，给安吉拿了一个冷敷袋。“今天孩子整晚都归他照顾。”

所有后知后觉的讨价还价最终都归结到一个关键的事实：克林特和安吉在孩子出生前有没有讨论过责任分配的问题？

“当然了！”她毫不犹豫的回答。“他当时说：‘对半分吧！我什么都想尝试！’”我从她的声音里听不出怨恨，只有沮丧。“只是他面对空闲时间还是很自私。而我总是把孩子放在第一位。”

阿莉·罗塞尔·霍克希尔德的《第二次转变》于1989年出版，她在书中提出了让人瞠目结舌的观点：有偿工作和无偿工作都算进来，二十世纪六十年代和七十年代的职场妈妈每年有13个月时间都在工作（多出的一个月按每天24小时计）。当代的情况已有所改观，女性的家务劳动量被家庭里的男性分走了相当一部分；母亲们上班的时间也越来越长，在职妈妈的数量也不断增长。2010年，三至五岁孩子的母亲有一半都全职工作。霍克希尔德在再版前言里指出，因为制造业工种的缩减，过去几十年里男性创造的财富相对于女性一直在下降。汉娜·罗辛在2012年出版的《男性的终结》里也提出了同样的观点。而夫妻的责任分担比重随着时代的发展也在不断进化。2000年，有三分之一的女性称自己的丈夫承担了一半以上的家务，这个数字在1980年只有20%。从1980年至2000年，完全不做家务的丈夫的比例也减少了一半。

实际上，根据美国人时间使用的权威调查，男性和女性每周的工作时间基本持平，男性有偿工作的时间更长，女性无偿工作的时间更长。这项数据也吸引了《时代》杂志的关注，并将其作为2011年的封面故事出刊，题目就叫做《家务战争》——男性和女性都声称己方承担了更多的劳动。

霍克希尔德的著作之所以风靡全球，并非因为一个简单的数据等式，最重要的是她真实而生动地描绘出了婚姻生活方方面面，那些埋藏在平静表面下的暗流涌动。每一对夫妻都不得不直面日新月异的挑战、无方可依的困境，并艰难地保持身心平衡。极度不公平的分配方式当然存在，比如南茜·霍特自己曾说“我负责楼上，他负责楼下，‘楼下’指的是车库、汽车和狗，‘楼上’指的是除‘楼下’之外所有事情”。《第二次转变》的魔力在于它详尽分析了维持夫妻关系所必需的假象。霍克希尔德看透了夫妻们试图重新分配家庭事务的举动，有的屡败屡战，有的令人唏嘘，有的一败涂地，最终却毫无例外地导致了双方情感上的混乱。“夫妻争吵的时候，很少围绕‘谁做什么’这样简单的问题，更多是关于给予感谢和得到感谢。”在书的最后，她进一步阐述道：“这些女性所面对的更深层的难题是，她们不再肯定自己对丈夫的爱毫不动摇，又出自真心。”像南茜·霍特一样，**许多女性带着厌恶丈夫又无法排解的负担维持着婚姻，日积月累的怨忿像有害工厂里排出的废料一样难以分解。**

尽管隐藏得更微妙，形式也更多样，这种怨忿一并延续至如今的婚姻关系。科文夫妇逾35年来致力于研究孩子对于婚姻的影响，发现家务分工成为产后家庭矛盾的最大源头。以婚姻的各种有趣数据为主的《同床异梦》里，保罗·阿玛托引用的一项研究说明“家务劳动的分配是配偶争论的主要焦点”，0到4岁孩子的母亲更容易产生强烈的不公平感。最有趣的数据来自加州大学洛杉矶分校，研究员们花费一周时间走进32个中等家庭（夫妻双方都有收入），共拍摄了长达1540个小时的录像资料。这份资料蕴含了矿藏一样丰富的个人信息及兴趣爱好，并由此衍生出各种研究。工作人员采集了所有被试父母的唾液样本，以便测量其中皮质醇（压力荷尔蒙）的含量。研究员发现，父亲们在家里的休闲活动越多，他越快乐。这个结果并不让人意外。出乎意料的是对母亲的检测中却没有发现类似的结果。

你或许想知道，母亲们什么情况下会产生类似的检测结果？答案很简单。看见她们的丈夫做家务的时候。

现代家庭的夫妻分工整体上看更加均衡，但有失公平的情况仍然存在许多家庭中。就像《时代》杂志的封面故事所说，六岁以下孩子的母亲比父亲每周平均多工作5个小时。这个差距可不小。大部分时间里，母亲们多出来的5个小时都花在夜间护理上。我们在第一章就提到过，夜间护理会给家长的身心造成巨大负担。2011年密歇根大学公共卫生学院的社会学家莎拉·伯加德从上万名家长处收集来的数据表明，双收入家庭里如果育有一岁以下的婴儿，母亲睡眠被打断的几率是父亲的四倍以上；如果同样的情况发生在专职母亲的家庭中，母亲和父亲的差距可以达到六倍之多。

我曾经与《滚去睡觉》的作者亚当·曼斯巴赫参加过同一个讨论小组。谈话进行到一半的时候，他大方承认多数时间都是他的伴侣负责哄孩子睡觉。这个看似随意的声明背后的含义不言而喻：他或许是关于幼儿晚间“暴行”的畅销书的作者，但在实际情况里动身去对付的都是妈妈。

即使假设丈夫和妻子的工作时间相等，也不代表劳动分配的公平性。在婚姻的语境里，公平并不仅是一个绝对的数值，也是感官上的认知。“父母对于照顾小孩的分工的满意程度”，科文夫妇在《从爱人到父母》中写道，“相比于父亲在实际家庭生活中的参与度，更与配偶的幸福感息息相关。”一对夫妻认定的公平在外人眼中并不一定如此，但却是当事人融合了自身的需求做出判断，经过合理考量后得出的最可行方式。

这就是分工本身复杂的地方。如果将一切形式的劳动都计算在内，男性和女性每天的平均工作时间大致相同。但女性要在家庭上投入男性两倍的时间——做家务活、照看孩子、购物以及开车。所以当周末两人都在家的时候，在母亲看来自己的丈夫根本没有分担劳动，更别说跟自己付出等量的辛苦了。（1540个小时视频数据衍生的另一项研究发现，父亲在房间里独处的时候会显示出最强的个人空间感。）

有的女性会欢欣鼓舞地说自己的配偶每周有偿工作的时间更长，他们理应在周末得到休息。但对于众多母亲来讲，情况并非如此简单。有偿工作是世界公认的价值系统，能带来众多的心理回报。也许还有一点同样重要：并非所有工作都具有对等性——在某件任务上花费的一个小时并非完全等同于另一个任务上花费的一个小时。

以照顾孩子为例，它给女性带来的心理压力远远大于家务活（正如一位亲子早教课程的参与者所说：碗筷可不会跟你交谈）。在《同床异梦》里研究者将这个数据量化后发现，如果母亲认为照顾孩子没有公平分配，这种情绪可能会影响她的婚姻幸福感。数据同时显示，母亲的工作有一大部分被日常琐事占据，比如刷牙和喂饭；相比之下父亲更多负责互动性的活动，比如抛接皮球。所以父母照顾孩子时所做的事情有本质的差别，即使都被研究者归为“育儿”事务。

这也说明，所有人在任何情况下都容易高估自己付出的劳动。但在照料孩子的时候，女性的估算相较之下更准确一些。在《同床异梦》中，根据2000年的一项大型全国普查活动，作者发现男性平均估计自己承担了42%的育儿责任，而女性对丈夫估计出的数值是32%。对比当年的最终数字35%，显然母亲估算得更加接近实际情况。

以上数据或许可以解释女性为何在家庭环境里依旧焦虑至此。“我敢肯定克林特觉得他承担了一半的家务工作，”安吉在开车的间隙跟我说，“但并非都是在照顾孩子。这让我压力很大。”

最后期限和时间分配

那天早上送伊莱去“小探险家”活动之后，安吉在楼梯上叠衣服，泽在他的小床上闹出了很大动静。安吉跑去看了看他，然后又回到楼梯上。“我从来都没时间把衣服整理一遍。我倒很想整理，但结果总是变成从干净篮子转到脏篮子的过程。”泽开始放声大哭。“好啦好啦，妈妈来啦！”她跳起来跑进他的房间。“好了好了，不哭了。”

她试图让孩子平静下来，但失败了。过了一会儿，她把泽抱了出来，放在身边，然后第三次回到没叠完的衣服上来，中间还要穿插跟孩子的躲猫猫游戏，就像杰西做的那样——把一块毯子盖在泽的头上，“泽哪儿去了？”然后把毯子抓下来，再盖上去。“泽哪儿去了？”

这是美国人时间量化研究无法告诉你的另一个事实：对于大多数母亲来说，时间仿佛穿过棱镜一样被分割成碎片；而大多数父亲的时间则沿着一条笔直的线前进。当父亲在处理个人事务时，工作只有个人事务；他们照顾孩子时，工作只有照顾孩子。但母亲在处理个人事务时，不仅穿插着照顾孩子，或许还要接一通老板的电话。2000年，只有42%的父亲认为自己能“同时处理多项事物”，这个数字在母亲那边却达到67%。2011年，两位社会学家提供了更为精细的分析。他们发现母亲们每周“多管齐下”的时间比父亲平均高出10个小时，“这些多出来的时间主要集中在家务劳动和照顾小孩上”。（当父亲们在家的时候，她们“多管齐下”的几率减少了30%。）研究者指出：同时进行多项任务对母亲幸福感的负面影响远大于对父亲。

被迫切割时间不仅会削弱效率（我们在最后一章会详细讨论），增添各种各样稀奇古怪的麻烦，还会让人产生紧迫感——无论当下的时间如何平静，环境多么令人放松，心里却总有一口不知在哪儿翻腾的锅，随时都会溢出来。正因如此，许多母亲都把家务劳动看作期限明确、时间紧迫的任务——给孩子穿衣刷牙，送他们上学，下午3点准时到学校接他们，马不停蹄赶往钢琴课，4点钟还有足球课，6点之前晚饭要上桌。2006年，社会学家玛莉贝丝·马丁里和莉阿娜·赛尔发表论文，称女性比男性更容易产生紧迫感，已婚母亲“经常或总是匆匆忙忙”的几率比单身未育的女性多2.2倍。（自由时间也无法缓解母亲们的无措感，反而会加重她们心头的压力。）亲子早教课程上，肯尼娅这样描述自己的情况：

“每天下午5点钟的时候我都压力山大。我得做完这样那样的事情。我要准备晚餐。我要逗女儿开心。我要哄她上床睡觉……我想，不去工作的话时间可能就够用了，但5点的时候压力还是如期而至。然而等我的丈夫回家的时候，已经没什么需要他做的事情了。”

父亲们却没有显示出比未育男性更强的紧迫感。

或许连时间使用调查也难以量化母亲对孩子倾注的心力，还有整天盘旋在脑海里的焦虑感，无论在不在孩子身旁都一样。这也是马丁里和赛尔敏锐觉察到的问题之一：母亲之所以更容易感觉匆忙，正是因为带孩子本身的敏感性和严密性——安排孩子的课外活动、跟医生预订就诊、跟老师打交道、组织家庭娱乐活动和暑期计划，全都落在母亲的身上。安吉就是一个完美的例子。“你知道吗，即使在上班的时候我也只有50%的精力放在工作上。即使我给病人处理伤口或者忙其他的事情，我还是忍不住担心‘克林特有没有记得给孩子们涂防晒霜？’”

如果她和克林特单独外出呢？

“虽然我本该百分之百投入妻子的角色，但我还是惦记着孩子，即使在我们出去约会的晚上也是如此。”

有趣的是安吉也尝试将这种感觉进行量化，计算比率。几年前卡罗琳·科文结束与一群父母的会面，在开车回家的路上，她突然想到应该请父母们把自己的身份统计起来，看看他们眼里的自己，配偶、父母、职员、信徒和登山爱好者的角色分别占多大比例？

女性在进行自我角色剖析时将比重很大的一块分配给了“母亲”，

男性则不然。即使是全职工作的已育女性，“母亲”的比例也比“职员”高出50%。这项发现并未出乎科文夫妇的意料。多年之后，他们在另一项研究里发现女同性恋伴侣中照顾孩子的一方比另一方更倾向于母亲的角色，也同样印证了这一点。

然而令科文夫妇惊讶的是，这项图表无意间预测了数百对夫妻婚姻的走向：当孩子6个月的时候，父亲和母亲在图表划分中表现的差异越大，一年之后他们的婚姻满意度越差。

这项发现把家庭分工产生的矛盾置于更大的背景下进行分析：夫妻双方各自如何看待自己的角色？如果每人都更加看重自己的角色而不是另一方，这个争论恐怕就要提升至全新的层面了：我这么关心的事情，你怎么能无动于衷？你到底算什么家长？家庭和家人对你来说还有意义吗？这件事对你就不如对我重要吗？

社交隔离

如果社交生活里夫妻并不依靠彼此，孩子对婚姻的压力很可能会减少。但不幸的是，事实恰好相反。

2009年，一家咨询机构发现80%的母亲报告说缺少朋友的陪伴，其中58%的人明确使用“孤独”一词（五岁以下孩子的母亲比例最大）。1997年，《美国社会学评论》发表文章称，经历早期育儿阶段的女性的社交圈和联系人范围都会缩小，且在老幺3岁时达到最小值。而就此后交际的逐渐回升，作者认为是因为孩子入学后给母亲带来了新的社交范围。专门组织线下聚会的密特公司里最受欢迎的活动就是母亲聚会，并超出其他类型不少。“我真的很惊讶，”该公司的社团专家凯瑟琳·芬克在电话访谈里说，“进入密特公司之前，我一直以为全职母亲靠之前的社交圈就足够了。”

芬克并不是唯一一个讶异母亲们对交流的渴望的人，年轻妈妈们自己也很意外。传统的观念里孩子不仅应该把夫妻双方更紧密地拴在一起，还理应扩大家庭活动的范围，扩展家庭人际关系和交往圈。这一点也得到了验证，只是过程比预想漫长好多。研究美国人社交生活结构的社会学家注意到，有孩子的家庭比无子女的家庭更有可能结交邻居，也会更积极地参加市民组织，通过亲子活动和孩子的朋友结交新的人物。但这些新结交的关系未必是最亲密或最持久的伙伴。在2000年出版的《独自保龄——美国社区的坍塌及复兴》中，哈佛大学政治科学家罗伯特·普南对社交环境里“功利主义”和“随性主义”的差异进行了解释：奉行“功利主义”的人是社交活动里有板有眼的一派，他们会通过正式场合下的结交达到自己的目的；奉行“随性主义”的人则是社交活动里的花蝴蝶，是休闲享乐的高手，社交生活“不拘泥于形式，也未必目标明确”。如果你年轻单身还在租房，很有可能属于“随性主义”一派。如果你一旦结了婚，拥有一定家产，可能会保留一些随性的习惯，但社交重心更有可能向“功利主义”倾斜。

孩子成为封死父母社交生活的最后一颗钉子。一旦丈夫和妻子变成父亲和母亲，教堂礼拜、家长教师联谊会、邻里联防小组等目的性活动就蹭蹭上升，与亲朋好友的随性聚会则一落千丈，与业余爱好相关的聚会则更加无处可寻。“其他人口常量不变的情况下，”普南写道，**“婚姻和孩子就是各种体育爱好人士、政治爱好人士和文**

化爱好人士的噩梦。”

在新生儿时期，母亲基本处于与外界隔离的状态，仅仅跟婴儿形成封闭的情感环路。这并不是当代社会学家的新发现。早在50多年前，本杰明·斯波克博士就在《父母的难题》一书中写道：“在职场中打拼数年的女性喜爱的不仅仅是工作本身，还有工作中建立的长久友谊。相比之下，孩子的陪伴就显得单调而具有局限性。”他还补充道：“被孩子无止境的需求所困扰的母亲——我猜想大部分母亲都有这样的经历——与成人几乎隔绝，孩子的麻烦又比肩继踵。我认为这并不是大自然创造母子关系的本意。”

早教课程上关于社交隔离的话题得到了众多因为孩子退出职场的母亲的强烈共鸣。安吉的小组也展开了讨论：

莎拉：我觉得我并没有经常感觉独自一人，因为我总和孩子们呆在一起。

克里斯汀：我也是。我妈妈大概比较烦我，因为我总是给她打电话。我觉得这就是我和外界的联系。

安吉拉：是啊，我有时也会想，大部分时间家里只有我自己，好像活在一个水晶球里。怎么会如此不同？因为当我还在工作的时候，至少可以直起身来跟成年人交流。

然而最令我诧异的却是全职爸爸们的描述。我在明尼苏达州遇到的全职爸爸们认为，寻找自己新角色的“同胞”具有可怕的不确定性和挑战性。“第一年我感觉自己完全与世隔离了，”一位父亲在小组会议上如是说，“总是和其他妈妈在一起让我很不适应。我觉得我对于育儿的理解方式和她们都不同。如果我的妻子是留在家里的一方，她肯定能很好地融入其他人的谈话里。但是我……”

那么他是如何调整的？

“当我在公园里遇上其他父亲，总是不自觉就变得格外热情。”

这并不是大环境下的个例。如今，父母们会在现实生活中的社交圈和活动范围开始缩小的时候选择要孩子。的确，脸书等社交网站上的好友数量只增不减，而社交网站也的确拥有无尽的资源，不管是集思广益“如何对付惹人生气的孩子”，或者仅仅发布一条心情状态（比如安吉在2011年10月更新说：“这会儿我本该跟周公约会的”），也会引来各种唏嘘共鸣。

但2006年的《美国社会学评论》里一项调查显示，美国人眼中可以“商量重大事情”的平均人数从1985年的3人变成了2004年的2人；而认为自己根本没有知己的人从10%上升到24%。但更广为人知的是，堪称美国孤独编年史的《独自保龄》一书中，普南详细记录了上个世纪后几十年里所有可以测量的社会活动的衰退情况，例如教堂礼拜、各种协会活动和保龄俱乐部。当这本书于千禧年面世之际，批评家们指责普南把过多的注意力放在已经过时的活动上（比如桥牌社和麋鹿俱乐部），反而对新种类的社会活动视而不见，比如互联网团体（那时脸书还没有成立）。但这无关紧要。这本书仍然引起了政治家和普通大众的强烈共鸣。正如父母们在谈话中表露出的，除去丰富多样的互联网活动，普南的研究对当今家庭也具有普遍意义。

以如今已非常淡漠的邻里关系为例：在二十世纪最后25年里，普南发现已婚家庭与邻居的社交夜晚从每年30次减少到每年20次。“当我刚搬进我们社区的时候，”安妮特·葛亚迪说，她是早教课程的退休讲师，“我谁也不认识，我的母亲住在不同的城市。是社区里年长的妇女把我拉进了她们的团体。从那以后，她们变成了我会在午夜打电话说‘我的孩子发烧了’的人。”她在跟她仿龄的其他父母间却没能建立这种亲密关系。“没错，我可以给其他人发短信，也可以查找育儿网站的经验分享。但有人能立刻跑来我家、教我如何给女儿的伤口绑蝴蝶绷，这是天壤之别。”

我们跟邻居的渐行渐远，一定程度上却是社会进步的产物。随着越来越多的女性进入职场，大清早就赶往办公室开始全天的工作，空荡荡的房子只有傍晚才开始热闹起来。但社会进步并不是邻里关系逐渐淡漠的唯一导因。懒惰也是原因，让我们的距离越隔越远；人们对犯罪的担忧也是原因，尤其是儿童绑架案。家长不再像从前那样放心让孩子们在后院或街上玩耍。和其他研究时间分配的同事一样，普南也描述了当今生活中普遍存在的忙碌，人们长期性、无时不刻地感到紧迫。

这个趋势宣告了“随意来访”的消亡。《宋飞正传》里克莱默和伊莲那样突然出现在你家门口，仅仅为和你聊八卦和小道消息的日子一去不复返了。《独自保龄》里提到，七十年代中期到末期，美国人每年平均招待朋友为14至15次；到了九十年代，这个数字几乎遭到腰斩，降到了8次。

“随意来访”曾是育儿生活的重要部分，尤其在周末的时候，全职妈妈都会带着自己的宝贝出去串门。

安吉拉：在我还小的时候，妈妈总是有很多朋友带着小孩来家里玩。每天下午都有人打来电话聊天，不然就是我们去别人家拜访。

妈妈总是把我们所有人都塞进后座。或许我妈妈本身就爱好与人交往，但是——

莎拉：不，我家也是一样的，每周日我们都会坐上公车去别人家串门。如果现在这样做，却好似侵犯了别人的私人空间一样。大家随时都忙个不停。

没有了随性的串门，没有邻居的欢声笑语，没有街头巷尾的打打闹闹，压力又反弹回核心家庭上——更确切地说，是婚姻关系或伴侣关系上，指望它能弥补朋友、邻居和其他家庭曾经带来的乐趣。父母们也失去了其他成人朋友的支持。

如果现在大多数人还四世同堂地生活在一起，养孩子也不会给婚姻造成如此大的难处。但话说回来，斯蒂芬妮·库茨在《我们从未有过的生活》中也指出："大家庭从不是美国的主流风格。"（有记录可查的美国大家庭比例最高仅有20%，时期还是1850年至1885年。）大学教育以上的美国人比高中学历的人更容易远离父母独自生活。如果夫妻双方都是大学毕业生，只有18%的人会选择距离双方父母30英里之内的地方定居，而这个数字在高中毕业生里高达50%。教育赋予生活更高的流动性，也不可避免地削弱了家庭之间的联系。

家庭联系的削弱也给父母们带来了其他后果，例如对女性工作的影响。如果住在娘家或婆家附近，家里有学龄前孩子的母亲外出工作的可能性会上升4至10个百分点。它也影响了父母的社交生活：若没有最可靠、最亲近还最便宜的保姆来带孩子——换句话说就是孩子的祖父母，夫妻两人在夜晚单独外出的难度就会成倍增加。

"我有个姨母就住在离我家15分钟路程的地方。"在我问她是否有照顾孩子的后备人选时，安吉如是回答。但这位姨母也是绝无仅有的一个。其他人要么住得八竿子打不着，要么身体情况不允许带孩子。安吉和克林特就是“三明治一代”的典型代表，挣扎在年迈的父母和年幼的孩子中间，不管向哪里求助，带孩子的压力还是会落在自己身上。随着平均寿命的延长，女性普遍将生育推迟至三十岁以后，“三明治一代”只会日益膨胀下去。

不服从

午餐时间到了。伊莱坐在一盘安吉准备的鸡肉意面前，却丝毫没有动手的意思。他只是专心致志地盯着马克杯上的北极熊，仿佛在思考什么重大的问题。

“北极熊吃什么呀？”他终于开口问道。

“鱼。”安吉简短地回答。

“还吃什么呢？”

“我也不知道。你准备开饭了么？”

伊莱显然没有这样的打算。安吉盯着他。“不吃就得饿到晚饭。如果不吃饭，零食也不许吃。”

伊莱用手挑起一小块。

“要用叉子吃饭。北极熊就吃这一点点呀？”

“我在学泽吃饭的样子。”他回答得理直气壮。泽刚刚学会用手指吃东西。

“如果你能像泽一样吃饭，就再好不过了。泽吃饭时最听话了。”

伊莱突然间有了主意。“瞧，妈妈！”他端起盘子试图往嘴巴里倒，几根面条顺势滑了进去。

“伊莱，用你的叉子。”

“我不。”

“为什么不？”

“因为我这样也能吃。”

安吉站起来，叹了口气，决定妥协：“只要你把饭吃到嘴里就行。”

所有家长都发现自己陷入了“不和孩子争理”的怪圈。在他们最和善的时刻，这种争论仅仅是扰人清静；如果不小心撞到枪口上，鸡毛大的小事也会令人无比抓狂。自然而然的，书店里的育儿系列总是充斥着如何哄孩子听话的书籍，而对儿童行为研究的内容却少之又少。如果进一步发掘下去，你会发现所有的美国父母，包括那些已经进入角色的“熟手”，在引导学前儿童做正确的事情方面也花费了那么多令人惊愕的时间（有研究称，父母哄劝孩子做某件事的频率是每小时24次）。同时你也会发现，所有幼儿，甚至那些已经熟悉与父母相处模式的“熟手”，在拒绝父母的努力方面也同样花费了可观的时间。

在关于婚姻的章节里加入儿童教育的研究看似不合时宜，如果考虑到一个显而易见的事实——几乎所有哄劝/说服的工作都是由妈妈而不是爸爸完成的，分工不对称必然会给婚姻关系增加不和谐的杂音，因为在孩子看来妈妈总是扮黑脸的一方。这样的情况并不是双方协商的结果，只是单纯的数据统计：如果母亲比父亲陪伴孩子的时间更久，她们就更有责任对孩子发出指令。“把鞋穿上。”“你要自己把它捡起来，还是等田螺姑娘帮你捡起来？”“你到底从哪儿弄来那个东西的，先不管那是什么，赶紧从嘴巴里拿出来。”

或许还有一层原因：这些指令通常都关联着非常紧急的事情。“把外套穿上，我们得出发了。”“快刷牙，要迟到了。”出发或迟到本身就足以带来紧迫感了。

我第一次接触的相关数据来自俄勒冈社会学习中心的创始人杰拉德·帕特森发表于1980年的论文《母亲——无形中的受害者》。他的结论是，学龄前阶段“孩子会给母亲带来无可计数的糟糕事件”，平均以每三分钟一次的频率出现。

他的研究并非特例。我在前言中曾提到哈佛大学1971年的研究里，母亲平均每三分钟就会纠正幼儿的行为，而孩子只有60%的几率听从妈妈的指令。三年后，来自艾莫里大学和乔治亚大学的研究者也发现，来自高收入家庭的心理健康的幼儿园小朋友也只有55%的时候会听从母亲的话，这个数字在低收入家庭却达到68%。（低收入家庭的母亲反而更经常性地发出指令。）这些研究在社会科学的时间长廊中得以完好保存，直至今日仍发人深省。2009年，一篇基于267对正常母子依剧本或自由发挥进行互动的影像资料的论文显示，母亲和孩子平均每两分半就会发生一次冲突。

但人们也不应夸大这些研究的意义。“起跑线”早教项目创始人之一尤里·布朗芬布伦纳说：“当代发展心理学有相当一部分是研究孩子在陌生环境下对陌生成人的异常反应，且研究进行的时间远远低于充分条件。”虽说如此，这些研究的正面意义也不应抹杀：谁知道原来孩子不听话是大家都会遇到的现象呢？

帕梅拉·德拉克曼，2012年度畅销书《带大贝贝》的作者，认为美国妈妈总跟孩子较量是因为没见过法国人对孩子的严格管教。她的观点的确有几分道理，孩子的行为总能或多或少地传达出文化背景。但我留意到，母亲总是家里发出最多指令的人。本书涉及到的研究也表明，发号施令是压力颇大且得不偿失的行为。在所有以母亲为主体的亲子早教课程里，这个话题也被广泛提起。就在安吉上课的前一个班级里，有两位女性就此进行了沟通：

凯蒂：我要读夜校，所以临出门前会给丈夫列出清单，一定要给儿子洗澡，一定要给他穿睡衣等等。四个小时之后我回到家，结果爷俩全都衣衫整齐地睡在地板上，电视里还播着电影，旁边丢着薯片袋子。

考特尼：我家也是。我觉得我丈夫带孩子像玩过家家，我却当工作一般认真。

凯蒂：如果看他俩日常购物的情形更可怕。不管我儿子想要什么，他爸爸都会买给他。

第二天，在另一个班级里：

克里茜：我老公把花生酱、果冻和酸奶舀到孩子们的碗里，就以为“晚饭搞定啦！”我还要冲过去给每个人分蔬菜，一边急急忙忙地说：“这些也要吃完哦。”

肯尼娅：我就知道！我也不明白他怎么就成了家里最有趣的人。我一回到家，女儿就跑过来告诉我：爸爸让我喝汽水啦。

就在此时，讲师陶德·克洛德认为有必要加入讨论。

“我可以站在父亲的角度讲两句吗？”

女士们都和蔼地笑了。当然可以。

“我觉得妈妈们需要给爸爸们犯错误的机会。他们说帮忙洗衣服，结果把该手洗的衣服扔进洗衣机里搅坏了。这样的事哪怕只发生一次，爸爸们就再也不被允许碰脏衣服了。”

女士们对他的归纳表示赞同。

他说的的确有道理，所有的关系都会从宽容中受益，孩子们也不会因为晚饭只吃了花生酱和果冻就长不大了。但女性也有自己的道理。她们面对的困难，正如本书第一章里丹尼尔·吉尔伯特的贴切描述：“每个人都以相同的速度迈向未来。只是孩子们在移动的过程中并不打算睁开眼睛，所以父母就成为了引导航向的重要角色。”确切地说，母亲是引导航向的重要角色。

担任整个家庭的掌舵手是非常不易的工作，它意味着日常琐事都变成了紧张的来源，你也变成了家里面最不受欢迎的正经脸。“我也不懂他怎么就成了家里最有趣的人。”当肯尼娅说出这句话的时候，她听起来并不气愤，反而有些悲伤。

父母间的幸福鸿沟或许还有另一种解释方法：未必是母亲陪伴孩子的时间长短造成了这样的问题，而是他们跟孩子一起度过时间的方式。

谁在享受

说出来或许不近人情，但如果文化习俗没有强加给婚姻过高的浪漫，孩子对婚姻的影响也会可观的缩小。在十八世纪后期之前，婚姻还是一项社会制度，与养育孩子紧密相联，也将个人约束在更强大的道德层面里。到了十八世纪后期，情况开始发生变化。简·奥斯汀完成名作《傲慢与偏见》的时候，有种观念开始萌芽：婚姻是爱情的结晶。2001年盖洛普调查中，有94%的二十多岁的单身人士坚信自己的另一半应该是“灵魂伴侣”，两人“一见钟情，一往而深”；相反，只有16%的人相信孩子是婚姻的首要目标。

对婚姻的重新诠释——需要经营的双向吸引力而不是社会执行的公共制度，启发了社会学家大卫·波普诺和芭芭拉·达福·怀特海德。他们在2001年的报告里将婚姻称作一种“超级关系”，是“一段具有私密性的高度紧张的精神结盟，包含肉体的忠诚、浪漫的爱情、亲密的情感和团队合作”。

如果大多数人怀有这样的憧憬走进婚姻，孩子会成为婚姻的干扰也不是偶然。

许多夫妻都真心享受着二人世界。与文学作品片段相反，许多研究表明婚姻本身会使人们更开心、更乐观，已婚人士的身体也更健康。

所以，当孩子闯进这个世界之后，到底是什么让一切都变得不同了呢？

首当其冲的受害者就是二人的相处时间。关于夫妻相处时间的衰退曲线还不能一概而论，但多数知名研究称孩子降生后夫妻情事会直降三分之二。社会学家威廉·多尔蒂在亲子早教课程上很喜欢提到一对夫妻。两人都是优秀的舞蹈家，有天来到他的办公室进行咨询。他们在俄克拉荷马州的舞蹈课程上相识，每次约会都是从头跳到尾，其他人只会用艳羡的眼光看着他们在舞池里不知疲倦地旋转。多尔蒂有次随口问到他们最近一次在外面跳舞的时间。你猜他们怎么回答？十二年前的婚礼上。

大概所有人都会同意，孩子降生后夫妻生活也会发生显著改变，但这一假想却从未得到充分的数据支撑，虽然有些研究的确间接或侧面地证明了它的正确性。例如1981年的一篇论文研究了119位首次生育的女性，发现20%的受访者在孩子一周岁时夫妻生活的频率低于每周一次，但仅有6%的女性在怀孕之前三个月就是这样。此后不久的另一项小型研究发现，孩子和“工作、奔波、家务等”都会在婚姻早期减少夫妻间的性吸引力，而且“一旦减少之后就很难反弹”。1995年的一项大型研究发现，幼儿的存在（尤其是4岁以下的孩子）对夫妻生活的影响比怀孕更甚。相比之下，五至八岁儿童的父母性生活的频率则稍高一点。我在意细节是：低学历和高学历的受访者均上报了低频率的性生活，这条曲线也在之后的研究中广泛应用。

但要得到孩子降生后夫妻间性生活频率的准确数据仍接近于不可能。在亲子早教课程针对父亲的一次夜课里，讲师陶德·克洛德直白地问出了这个令人尴尬的问题。每位参会的父亲都静默了好一会儿，拿不准该如实回答还是该用玩笑搪塞过去。

父亲一：只要她有时间和精力。

父亲二：我们换种说法，去电影院的频率怎样才实际？大概……一年一次吧。

陶德：我们其实也不知道怎样才是最符合实际的，对吗？这也是问题的一部分。但更重要的是，你们怎么想？

父亲三：我认识些人，起初非常放得开。我有个相识多年的朋友，外号叫“一夜九次”。但我现在问起来，他会告诉我“一夜零次”。

父亲二：好吧，让我们把局面变得更尴尬些：我们每天要自我满足多少次？

父亲四：哈哈，你在说自己吗……

其实得到这些数字并不难。如果你和男性或女性讨论这个，不论在小组活动或者私下里他们都会告诉你，曾经精力充沛的自己，还有如果不因为内急或肚饿就离不开床的美好日子。可惜这些曾经的自己在孩子降临之前就慢慢淡去了。有数据表明，性生活频率在新婚蜜月后就会骤降。大多数夫妻最怀念的，其实是性生活带来的亲密感和生动感。有位父亲告诉我："我并不认为自己对亲密关系抱有不切实际的期待。某种层面上对男性其实更有利，因为我们可以看着妻子，心里想：'她看起来不太累，或许还能再来一场。'结果妻子的态度却是'我累坏了，你就不能让我好好睡一觉，别让我因为拒绝了你而内疚好吗？'"他很久之后才意识到："我在意的并不是性生活本身，而是我们之间逐渐消失的亲密。"

安吉告诉我："一切都要速战速决。好了，孩子们睡着了！我还有工作要做！"她微笑着，手上捧了一杯热可可。"我们每周至少会努力一次。如果超过了一周时间，我们就会感觉……疏离了。"

然而维持亲密度是要付出代价的，就像忽略它也会付出代价一样。"在我们放纵的生活里没有孩子的存在，"英国心理分析家亚当·菲利普斯在《副作用》一书中写道，"在我们的家庭生活里，也没有欲望的一席之地。"当人们面对这样令人不快的矛盾时，"多数人宁愿辜负自己的伴侣，也不愿辜负孩子"。

另一位参加亲子早教课程的女性说：

“有趣的是，因为前几周一直没有动静，我丈夫就主动向我提了要求。我却说实在没有精力分给他人。很不幸，他是要做出牺牲的一方，因为他是我可以拒绝的人。其实我本该答应，这样对双方都好。”

如果强迫她在丈夫和孩子之间做选择，她还是选了孩子。

选择留住工作的母亲和长时间工作的父亲可以感到宽慰，2001年发表在《性研究杂志》上的论文研究了261位四岁儿童的母亲，得出的结论是：“全职母亲和上班母亲在性生活的各个方面并无差别，父亲亦是如此。”作者也发现，决定夫妻生活质量最重要也最简单的因素是伴侣双方对于婚姻重要性的一致认同。越是把婚姻放在中心地位的夫妇，性生活满意度越高。对婚姻的信任感，就是夫妻间最强的催情剂。

男人的职责

下午两点三十五分，克林特悄悄走进门，只有皮带上钥匙相撞发出的叮叮声。他是一个面相和善的男士，胸膛宽厚，性情严肃，看起来非常可靠、勤奋且细心。因为早上四点钟就爬起床来，他也跟安吉一样疲倦，但还是保持着行动的速度和活力，好似一个饱睡整晚的人。他走进门的时候穿着衬衫，打了领带，下装是条黑裤子，不到十分钟就换成了深灰色的T恤和工装短裤。安吉也刚刚换上了护士服。他一手抱着一个孩子，一边听他们絮絮地讲述今天的故事，一边亲吻了他的妻子，算是问好也是告别。安吉出门之后，克林特把泽维尔放进厨房里的婴儿椅上，从冰箱里取出几颗草莓，洗净切好，分给伊莱和弟弟。

“我能不能吃点魔法甜点？”伊莱问道。

“你可以吃草莓。”克林特不为所动。

“可能这就是我的魔法甜点。”

“它也没有魔法哟。”

他这样说的时候声音很温暖也不容置疑。后来我翻开笔记，发现自己用粗体写着：这个男人做事非常专注。他和他的妻子是截然不同的风格。两个小时前安吉做午餐的时候留下了许多欢笑，也留下了一团糟的厨房，因为每当她想要清扫一下，就会被孩子们的各种突发事件打断。而克林特在这方面显然更加有条理，连洗碗都能轻快而高效地完成。

他打开冰箱，在里面搜寻。“我一会儿要做晚饭啦，你们中午吃的什么？”

“奶酪鸡肉和意面。吃起来蛮不错的，但我不喜欢鸡肉。”

“为什么不喜欢呢？”

“有点辣。我还是喜欢意面。”

克林特关上冰箱，去放狗粮。婴儿非常安静，一边观察草莓一边小口咬着。伊莱去楼下看芝麻街动画片，克林特还在厨房忙活。弄完之后他抱着泽去找伊莱，后者正在摆弄一辆乐高冰淇淋小车。“来，我来帮你……你把这个放在后面。”组装小车的克林特简直容光焕发，好似贪吃的孩子得到了美味的糖果。“我对乐高积木有特别的偏爱，”他注意到我的眼神，几乎瞬间就读懂了我的想法，“我小的时候就一直玩。”他还特意在一旁放了几只动物让泽把玩。

这种老式的游戏在友爱的氛围中进行着。克林特向我解释说，晚饭前总会组织一些类似的团体活动，确保孩子们不会在电视机前黏得太久。他也坦诚自己对组装玩具的喜爱。但在乐趣之中，他也不忘照顾一旁的泽，时不时看眼手机。“我在看时间，”他说，“计算距离做晚饭还有多久。”

伊莱指着自己组装好的一辆公交车：“爹地，要不要再跟我一起造一辆车？”

克林特笑着站起来。“不如我们先做晚饭好吗？”他的眼睛已经开始转向厨房。晚饭还没上桌，晚上的日常活动还在等待。他又回到了计划表上，恢复了之前专注的形象。

观察克林特下午到晚上的日常活动，很难不注意到他和妻子的差别，以及孩子们对两人的不同反应。比如泽几乎不能忍受被安吉晾在一边，她一把他放下，他就开始放声大哭。她本可以采取放任的立场，不为所动。克林特会说是安吉一手造成了自己的被动局面，因为她总是被泽的行为牵着走。（“泽哭的时候可从来不会指望我去抱他。”克林特如是说。）可是如果任由泽在一旁大哭也只会摧生安吉的负疚感，让她觉得自己没有尽力照顾好他。每周外出工作三至四个晚上已经让她够难过了——孩子们一看见她穿上护士服，就会加倍黏她。所以她在家的时候不会把泽放进椅子里或者地上，只会一边抱着他，一边试图完成手头上的事情。

“在我看来困难的事情，克林特就不会这样感觉，”安吉在出门之前告诉我，“他说我的某些担忧完全没有必要。我觉得他感觉最糟的就是无助的时候。”她指的并不是克林特自己无助，而是克林特认为她压力太大，却找不出办法来安慰她。“尤其当我做不到在他看来非常简单的事情的时候。”

安吉当然可以完成简单的事情。她真正看起来压力重重，是不得不分割自己时间的时候（比如跟泽的藏猫猫游戏）。因习惯和脾气使然，克林特明显就是懂得优化自己时间的人，这很有可能是孩子出生之前就养成的行为模式，带孩子只是帮他完成了提高效率的最后一步。他自己也表示认同。“安吉会从情感的角度看待事情——‘孩子们需要去公园！他们需要花时间做点不同的事情！’，而我会从时间利用的角度去看待事情。”

这种做事效率的观念很可能会跟高人一等的姿态混淆，但事实并非如此。它只是体验式学习和进入角色的传统方式的差别——安吉凭借天性进入母亲的角色，采取由内到外的步骤，而克林特是从外到内的学习方式。“她就是知道什么需要做，我总是不能很快地了解情况。”他仔细地思考着。“并不是说孩子需要换尿布的时候我就会指使她去做，”他模仿着递脏尿布的嫌恶表情，“只是如果她看到了而我没在同一时间留意，她就会很不高兴。她总能和孩子的频率保持一致，甚至能在孩子醒来的几秒钟之前就感觉到。”

许多父母都有这样的感受。父母中的一方——多数情况都是母亲——对于家庭内部的情感暗流更加敏感。（迈克尔·坎宁安在《世界尽头的一家》里写道：“她嗅到了不同寻常的信号。她的神经触角遍布整座房子。”）结果敏感的一方（比如安吉）就会认为另一方没有做到自己的分内之事，而另一方（比如克林特）则认为敏感的一方情绪过度。事实只是双方感受时间的差异，因为两人的注意力集中在不同的事物上。当安吉听到孩子的哭声或者看见泽的尿布需要换，就会立刻采取行动。这些都是紧急事件，她也成了家里最快作出反应的人。

克林特也认可他和安吉的差别。“我并不会即时地看到事情，而是更全面地了解整个情况。如果扫雪、院落维护、做饭洗碗都是我的任务，你自然该在孩子身上多出一份力。”只是安吉并不总称赞他所做的时效性不强的任务。“或许她只有在洗碗机坏掉的时候才会分出一点心思来，但最后还是我来解决机器的问题，因为她只关心碗怎么洗干净。”

然而他也清楚时刻照顾孩子带来的紧张感。“她做得更多？可能比我想象的要多。”他提到了我第一次碰到安吉的那个春天，他和孩子都不舒服。他知道妻子已经累坏了，孩子们生病了，他也懊悔自己没有立刻动身帮忙。“孩子就在那里，生着病，难受着，我却只想喘口气。”

最初分别采访安吉和克林特的时候，我曾要求他们估算一下家务分工的比重。他俩给出的数值在大部分时间都是相符的：克林特负责做饭，安吉包揽了所有的夜间工作（因为克林特凌晨4点就要起床上班）；克林特负责一半以上的打扫，安吉洗了一半以上的衣服；安吉去杂货店采购的时间稍多一些，也负责孩子的采购、看医生和课外活动；克林特需要维护户外和家庭设施，以及整个记账工作。他们两人对以上事务做出了相同的估算。

他们唯一无法达成共识的，正是对安吉最为重要的领域：照顾孩子。她估计自己承担了70%的工作。这并非因为她在家的时间更多，而是即使克林特在家，她也是做得更多的那个。“如果某天我们全家都在屋子里，尿布还是我来换。如果伊莱自己在外面玩耍，我也得时常出去看看他，确保他的安全，还要保证电视机不能一直开着。”最重要的是，克林特总能有时间做自己的事情，她却不能。“周末他可以花两三个小时坐在电脑前，满足自己的兴趣爱好；而最近我想参加一个90天的连续健身项目，却连每天一个小时都腾不出。”

克林特的答案是，照顾孩子两人平分。“我们基本是此消彼长的关系。如果她心情不好，我就多做一些。如果她连续工作三天，我也会做得更多。”

对半分和三七分的差别显而易见，尤其对比安吉和克林特在其他分工上小得可怜的差别更是如此。鉴于他们彼此熟知、生活合拍，为何还会出现这样的结果？

安吉和克林特关于分工的认知差异，正是广大家庭的小小缩影。那么传统伦理观念有没有明确定义父母双方的职责？在美国，家务争论都产生于私人空间并消弭其中，因为社会从不提供公开探讨的场所，更别说提出行之有效的解决方案。虽然并不想在此时提到瑞典，但世界上最快乐的父母的确有部分生活在斯堪的纳维亚半岛，以及其他有着庞大而健全社会保障网的北欧国家。

2012年，社会学家罗宾·西蒙测量了22个发达国家的父母和非父母人群的幸福指数，其中两者差别最大的情况就诞生在美国。通常情况下，整体福利越差的国家，两种人群的幸福感差异就越大。而社会对家庭的支持力度越大的国家，人群差异就越小。

阿尔斯坦·阿斯维是米兰的一位人口统计学教授，他于2013年发现了类似的模式。他和他的同事分析了28个欧洲国家的父母幸福指数，得出的结论是“父母得到的快乐总是与儿童保育程度正相关”，尤其在孩子一至三岁就提供保育措施的国家更为明显（如法国、荷兰、比利时、斯堪的纳维亚等）。这些国家里，母亲也比未育女性更加幸福。

不可否认，过分强调儿童保育与父母幸福的联系也容易导致误解。它们之间并不存在必然的因果关系。拥有健全福利系统的国家在社会各个方面都表现优异：腐败少，男女平等，医保亲民，还有并不昂贵的高等教育。父母的压力大多与财力相关，提供这些福利条件的国家自然可以减轻普通家庭和单亲家庭在育儿方面的心理压力。阿斯维告诉我：“这些国家的整体福利都会让人们对养育孩子感到乐观和放心。”

2005年《完美的疯狂》一书中，朱迪思·华纳在开篇就提到了早年在巴黎带孩子时令人难以置信的体验：

我的大女儿18个月大就送进了非常棒的托儿所，她可以在那里学画画、捏橡皮泥，每天都有饼干供应，午休有人照顾，每月仅仅需要150美元，已经算是非常昂贵的学校了。她到3岁就可入读公立学校，每天下午5点才放学。加入法国社会保障系统的家庭还可以享受更大的福利（我没有付费加入）——至少四个月的带薪产假，以及离职三年并保留职位的权利。

2011年一篇关于美国儿童保育的报道则称，在全国五十个州里，送两个孩子去日托所的费用比租房还要贵。

所以不难想象如果拥有便宜且安全的儿童保育服务，安吉和克林特的生活将会发生多大的变化，更别说离职一到三年也不怕丢掉工作。即便现在，这种奢侈也是美国人可望不可及的。

社会对家庭的支持在心理学方面也受到了认可。诺贝尔奖获得者丹尼尔·卡尼曼和他的研究小组于2010年比较了俄亥俄州哥伦布市的女性与法国雷恩市的女性的健康状况，两个样本群体有着诸多的相似之处，显著差别在于法国人在育儿方面享受的福利更多，花在带孩子上的时间也更少。在2011年出版的《快节奏和慢节奏思考》一书中，卡尼曼推断法国女性因为享有更多的保育服务，因而更少“在下午拖着孩子奔波在不同的课外活动之间”。

私人时间

克林特正在厨房里忙活。今天的任务是把晚饭弄上桌。他把泽放在婴儿椅里，伊莱自己爬上了旁边的椅子。“你们今天想吃什么？”克林特问道，“可以烤鸡肉，或者我们可以吃虾……”他从冰柜里抽出一个盒子，拿给伊莱看。

“我只想吃烤面包。”

“面包是早餐，不是晚餐。”

“我什么都不喜欢。”

“这就是让你好好午睡的原因。”克林特把他抱了起来。伊莱捧着爸爸的脸，第一次发现了他的胡茬。“这是什么？”

“胡子，我今天早上忘剃了。”

“你为什么戴着胡子？”

“它自己就长出来了，男孩子都会长的，就在这儿。”他指着自己的下巴。“你在逃避我的问题吗？要不要吃晚饭？如果乖乖吃饭的话，也许会让你多看一集动画片。”伊莱看上去对爸爸的提议非常满意，然后克林特就打发他下去收整玩具了。

我问克林特这种安排是不是他的常规步骤——先是厨房的准备工作，然后和孩子们一起玩，最后做晚餐。做事的节奏非常舒适，而且异常高效。

“差不多。”他把洗碗机里的最后一个杯子拿出放好。“这样安排的话，”他微笑着补充道，“就能给自己腾出一点私人时间。”

一个简单的“私人时间”，足以在安吉和克林特之间划出天差地别，也许更是所有父亲和母亲的差别。大多数父母都感觉不到充分的自我时间，母亲尤为明显。

由此可见安吉和克林特不同的生活模式。克林特结束一天漫长的工作回到家，他的目标是确保孩子们按照晚间计划完成任务，希望借此赢得一点个人时间。如果这意味着需要在孩子们醒着的时候做家务，也只能这样了。“只要孩子们自娱自乐、不需要我互动或参与的时候，我都会抓紧时机做杂务。”

“不需要我互动或参与的时候”，真是一个耐人寻味的表达。这样的说法并不经常出现在母亲的谈话里，尤其是仍留在职场工作的妈妈们。她们对于不能陪伴孩子已经感到非常抱歉，因而更倾向于下班回家后跟孩子们时刻待在一起。若她们已经告别了职场，跟孩子们互动玩耍难道不是她们待在家里的目的吗？

显然克林特对于不时留孩子们自己玩耍非常放心，也没人能够因此指责他对孩子不够上心。他只是对个人时间比较敏感罢了。

然而安吉对个人时间就没有如此强烈的意识。那天早上她把熟睡的泽抱进房间后，我也问她要不要小睡一会儿。她摆手拒绝了。“算了，只有1个小时，我恐怕要睡20个小时才够。还有这么多事情要做……”

科文夫妇把这种感觉叫做“非自觉性谦让”。当我看着安吉忙里忙外、听她讲述心里的想法时，时常想起这个说法。克林特必然也注意到了。在他做晚饭的空当，我问他比安吉空闲时间更多的原因是什么。“也许跟她采购婴儿用品更多的原因一样，”他仔细思考了一会儿，“当她手里有钱的时候，如果花在自己身上就会产生负疚感，但花在孩子身上就心安理得。这跟时间的分配是一个道理。”

这种负疚感体现在家庭生活的方方面面，在夜勤上尤为显著。第二天早晨8点25分我登门拜访的时候，那天在家休息的克林特说昨晚的夜勤非常顺利，孩子们一觉睡到早上7点半。然后安吉几分钟后才下楼，带着沐浴后的清爽，穿了一件可爱的卡通T恤。她口中的情况就不太一样了：泽一共醒过5次。前四次都是克林特照料的，第五次是她，还在凌晨3点钟喂过一次奶。

在大家往露台一起走的时候，她对克林特说：“我觉得你从来没意识到过去三年里，我每天晚上起来过多少次。”

“我当然知道了。”

她拿了把椅子坐下，用审慎的眼光看着他。“你每天都是一觉睡到天亮，你还知道？”

“是啊。”

“怎么知道的？通过我抱怨了多少次猜出来的吗？”

“不，不仅是你抱怨多少次。我完全清楚你每天夜里的负担，你可能不爱听，但这都是你自找的。”

安吉有点底气不足，“因为我不想让他们自己哭累了睡觉。”

“是啊。”

安吉没说话。

“两年前你让我用我的方法对待伊莱，两周之内就搞定了睡觉的问题。但你不想这么对泽，你坚持你的方式，我也同意了，结果你每晚起得更频繁了。我不想承担这样的后果，就像你不愿学我让他自己去哭一样。”

他等待着，安吉却没立刻接腔。她做了个鬼脸。“我认为在他哭的时候，你没有像我一样的内在反应。孩子一哭，我就会变得非常焦急、心痛，还有内疚……”

“我理解，这是母子间的心灵相通，你跟我解释过。”

“所以我完全不能看见或者听到他们哭成这样而无动于衷。如果必须这么做的话，我只有把床搬到楼下办公室去，因为我完全无法处理……”

“好吧，但我觉得你似乎更想让我经历同样的事情，而不是想办法解决它。”

安吉听了他的话并没有勃然大怒。她看上去在认真思考，但还是没能劝服自己。“所以如果昨晚第五次是你起来照顾，你会决定让他自己哭累了睡着？”

“不是的。如果你有注意到，我每次都特意延长做出反应的时间，也就是从他开始哭到我走进房间安慰他的时间。这就是我的方法。”

安吉看上去仍然不大信服。“有用吗？”

“当然了！我是说，我并没有准确计时，但真的管用！”

“那为什么每次我问你的时候，你都不告诉我是怎么做到的？”

“因为你从不赞同我放任他们自己哭！”克林特有点懊恼地看着鞋尖。“至少在你看来我只是懒惰，不愿意起床，即使我解释了你也不会相信的。”

换句话说，克林特故意留给了安吉一个懒蛋的形象，总好过让她相信自己其实在偷偷训练孩子的睡眠。

这个抉择或许具有一定的消极性，但克林特知道如果表露实情会给安吉带来更多的焦虑和自责，这些正是安吉现在最不需要的。所以他悄悄在夜里训练泽的睡眠模式，第二天却仍是免不了内疚，因为不能向自己的妻子坦白。一想到会被指指点点，他权衡之下决定，被指责懒惰总比被认为是冷酷无情好。可他并不是冷酷无情。

克林特说：“我对待个人时间的方式和我处理家务是一样的。如果我有2000元，那我会用1500元还房贷，400元作为日常开支，还有100元留给自己，做一些让自己开心和放松的事情。如果我有两个小时的时间，无论如何也会留给自己10分钟的。”

“我就不会保留那10分钟时间。”

克林特耸耸肩：“如果没有这10分钟，我接下来不管做什么都做不好。”

泽变得有点焦躁，安吉决定由他去。她在思考。“但最近我已经做了很多个人的事情了。”

“说明做得还不够多。”

“我觉得我有做的意愿，但负罪感总是挡我的道。比如我喜欢去书店，喜欢看电影，但总是……”

这时我问她：如果你对丈夫说“嘿，克林特，我需要去趟书店，不然就会疯掉……”

“他会说：好，去吧。”

如果说“我真的需要你承担照顾孩子的一半时间”呢？

“我认为他也会同意的。”但克林特没能听到她的话。他带着泽进屋去了。

当然有些家庭里男性并未公平地完成自己的分内之事，从不替人考虑，全然不管他人情况如何糟糕，更置男女平等的时代潮流于不顾。但即使在我见到克林特之前，我也知道他不是逃兵，一部分是了解他在公司和家里的工作时长，更多是因为安吉在亲子早教课程上亲口承认过。她虽然也有不少抱怨，但还是给自己的丈夫正面评价：“你们都见过他，他可不是坏人！”

但这个社会并没有给工作中的父母太多喘息的机会。正因如此，科文夫妇在倾听了许多长故事之后总结道：“你总能归纳出一个人该做和不该做的事。但如果把丈夫和妻子放在一间屋里，试图同时向双方了解情况，才能真正明白现实有多么的复杂难解，并不是想象中的非黑即白。”

安吉说，克林特不喜欢值夜勤。可是如果问克林特，他会把自己的行为解释成安吉不愿意插手的睡眠模式训练，说安吉不愿采取合理措施让自己轻松一点。“让安吉为自己生活真的很难。”

这种感觉并不罕见。霍克希尔德观察到，**夫妻间的任务纷争并不仅仅关于公平性，还包括“付出感谢和得到认可”**。我认为如今又加了一层：付出，回报和自我责备。像其他女性一样，安吉为丈夫做得不够多而心生埋怨。而埋怨的另一层原因是她认为自己做得也不够多，并且永远不能做到完美，所以准备好了随时为孩子付出。

“如果我对你说‘我愿意给你放个假，孩子由我一人照顾，但要按我的方式来做’，”克林特某次对安吉说，“恐怕你还是会躺在沙发上发号施令。”

“那你的方式又是什么？把电视机打开，满足他们的一切要求，还是把他们带去哪儿疯玩？”

“所有这些都有。如果我要做家务、做清洁、洗盘子、做晚饭还有其他各种杂事，肯定会需要电视机的帮助。在你休息的时候，我也要确保他们不会闲得发慌。我会保证他们的安全，但未必要一直陪着他们。”

这或许是克林特眼中他和安吉在照顾孩子上五五分的原因。他把孩子在一旁玩、自己做家务的时间也算了进去。反之，安吉却将自己完全融入孩子的世界里。

某种程度上讲，安吉的确是加重自己负担的共犯。去医院上班之前，她还在为自己给克林特留下的乱摊子烦恼。“他回到家时，等待他的是一个生气的婴儿还有一个没午休的幼儿，”她眉头紧锁，“我本想留给他两个熟睡的孩子，这样他就可以有点时间办公或者玩电脑。”

原来试图保护克林特个人时间的不仅是他自己，还有他的妻子安吉。安吉对克林特说：“有时我觉得你应该了解我的压力有多大，你应该注意到我在四处奔忙，或者做些什么。但你都没有。这时我就会特别生气。”

“这也是我不明白的地方。如果需要我的帮助你只管开口。只要告诉我不就好了。”克林特看起来也很困扰。

他是对的。但开口要求并不是一件简单的事。安吉眼中，家庭生活就是一部永无止境的电子游戏，需要你挡下随时飞来的碎片攻击。她从一开始就饱受压力，推己及人，她也不会想到其他人跟她是完全不同的感受。

克林特没有立刻伸出援手，因为他心中一样五味杂陈。例如前一天他下班回来，发现孩子们都醒着的时候还是有点生气。“他们本该在这个时候睡觉的。”安吉出门后他对我说，看起来有点沮丧。所以安吉对于维护克林特个人时间的压力也并不是凭空想象的。

即使克林特不自知，他其实在利用安吉的内疚，至少早已意识到自己会从中得益。某日他俩都在家，他承认道：“我总是那个抢先一步说‘我有事情要做’的人，安吉就不会这么做。”但如果他意识到自己在休闲时间上的咄咄逼人，就理应知晓安吉总是精疲力竭，那他为何不愿让出一点点时间给妻子呢？

随着时代的发展，男性参与家庭事务的压力越来越大，对于需要做到何种程度却始终缺乏明确的度量标准。迈克尔·刘易斯在育儿实录《家庭游戏》中敏锐地发现，如果想成功引起一对夫妻间的争吵，只需邀请他们与另一对跟他们的家务分工稍稍不同的夫妇共进晚餐即可。“在这些假定的私人领域里，人们还是倾向于寻求公共标准。他们不关心自己是否受到了不公平对待，他们只需确保每个人都得到了同等的对待就好。”而现代育儿的难题在于“没有明确而统一的标准，并且有可能这样的标准永远都不会诞生”。

成为父亲之后，男人明白自己不能再袖手旁观。一旦他们真正进入角色，就会被照顾孩子的繁琐本质吓一大跳，跟他们的妻子一样。如果社会的标准是丈夫要跟妻子做等量的工作，公平就更像天方夜谭了。现在的女性可比五十年前的女性集中了更多的时间陪伴孩子。

帕梅拉·德鲁克曼对此提出的解决方案就是向法国人学习。在《养育贝贝》里，她惊异于法国父母——尤其是母亲，抵抗“消耗性育儿”的方法。“消耗性育儿”是常见的美国方式，让孩子得以占据父亲或母亲全天24小时的注意力。相反，法国人几近坦率地坚持自己的休闲爱好和个人需求（比如安宁和平静，以及与他人不受干扰的谈话等）。

这是一条建设性意见。但由于美国女性很少有机会听从法国母亲的言传身教，给予她们切实的指导，从另一个近在咫尺的范本入手还更方便些：她们认识/听说的好父亲。实际上这个范本很可能就是她们自己的丈夫，因为男性真的可以分享一些有价值的经验。

原因如下：父亲们不受传统观念赋予的过高期望的约束，指导他们如何正确地教育孩子，也不受传统观念对他们注重工作的批判。因而好的父亲不会苛责自己，带孩子时也不会被完美主义附身（“我洗碗的时候在椅子里坐好，好吗”），至少不会对年幼的孩子严格要求，对于个人时间也更加敏感。所有这些并不意味着他们比孩子的妈妈爱得少，也不意味着他们对孩子的命运漠不关心。

母亲当然无法照搬父亲的先例。如果女性要求分得丈夫一部分个人时间，也很可能被拒绝。但就像朱迪思·华纳在《完美的疯狂》中的激烈辩解，面对文明世界的公共难题，或许不为一种解决方案。

当然如果政府能插手，给予父母们一定支持，情况自然会改善很多。但考虑到上次共和党初选时还就生育控制的合法性大打出手，说明政治领域还没准备好涉足这片领域。至少目前如此。

暂时来讲，伴侣间的沟通仍然管用。科文夫妇发现，在孕期就明确各自劳务分工的家庭比孩子降生之后再讨论的家庭要和谐很多，更不用说那些从不讨论的家庭了。

在原有基础上重新分配工作量是种挑战，对双方态度的重新摆正是另外一种。这就是克林特让我非常困惑的一点，他对自己如此宽容。显然自责和不安并没有性别差异，有许多父亲都非常害怕做错事情，但他们的苦恼却不尽相同。当我第一次向安吉求证时，她告诉我，即使她的工作包括跟精神分裂、心智错乱、有暴力倾向的病人打交道，家务事还是比工作麻烦多了。反之，克林特却认为工作的挑战更大。“我必须要承担经理的职责，也是他人眼中的行为标杆。但在家时我就是自己，只需要按部就班地把事做好就行。”

参与家庭事务的新一代父亲自然有许多困难要应对，但绝不包括将自己跟难以企及的理想做对比。“我自己就是标准，”克林特说，“我的父母在我七岁时分开了，这对我来说简直是发生过的最好的事情。”在那之后他也很少见自己的亲生父亲。“从来没有人对我说：‘你一定要做到这样的程度才可以。’”

安吉却说，她从来都不确定自己处理事情的方式是否正确。当我问她是否同意自己是位好妈妈时，她只是说：“有时候吧。”

她的答案是不对的，她显然是一位伟大的母亲。如果她也能告诉自己“我就是好妈妈的标准”，或许就不会一直都喘不过气了。

SIMPLE GIFTS

第三章

简单的礼物

他喜欢在家中看儿子耍小聪明，儿子常常让他感到惊讶，甚至超越了他和妻子的知识和幽默感——比如儿子在大街上逗狗的方式，模仿狗狗散步的姿态和神态，并且能够通过小狗处事的各种表情猜出它们的愿望，这让他十分欢喜。

——迈克尔·翁达杰，《英国病人》

当我第一次和莎伦·巴特利特同处一室时，虽然她比我们周围几乎所有人都年长一倍，但我在很久后才注意到她。在幼儿亲子课上，她谦逊低调地选择了长桌尽头的一个位置，直到讨论要结束的最后10分钟才发言。至此，她独自养育三岁外孙卡梅隆的事情才为大家所知。即便如此，她也话语不多。但是她的话如此感人，这促使我在几周后给她写了一封短信，就像我曾经写给杰西、安吉和克林特的一样，询问她是否可以让我上门拜访。

“当然可以，”她于同一天就答复了我。“谈谈养育外孙的事情没有问题。我想有很多我这样的祖父母在抚养已经去世孩子的遗孤。虽然这并不是我们想要的老年计划，但是它有它的快乐和悲伤。”

在随后的通话中，我得知莎伦不只失去了女儿——卡梅隆的母亲。几十年前，她也曾失去过自己的儿子——迈克，他在16岁时离世了。莎伦还有一个和她关系亲密的女儿——40岁，幸福健康地生活在别的州。

7月底一个又湿又热的早上，我来到莎伦家门口的台阶前。她漂亮的百年老屋位于北明尼阿波利斯街区，这里的主要居民是非裔美国人，但她是白人。她手里拿着咖啡杯站在门口迎接我，灰色的头发松散地梳成一条马尾。卡梅隆藏在她腿后偷偷向外看着。

“去玩吧，卡姆（卡梅隆的昵称），”她一边说一边坐在客厅里一个超大号的绿色椅子上。“我得先喝完咖啡。之后，咱们可以读五本书，去选吧。”

卡姆点点头走到书架前。他是那种令人愉快的孩子，长着细细的手臂微翘的嘴唇。“但是要确定你选的书和我们昨天读的不一样，”莎伦补充道。她坐进椅子，试图拖延点时间。然后，她注意到卡姆不舒服地扭来扭去。她叹了口气再次起身。“卡梅隆，卡姆。咱们去拉臭臭吧。我说你得走了。”

几分钟后，他们回来了。莎伦坐回到椅子上。卡姆爬上咖啡桌，小心翼翼地在他的玩具火车周围通过。

“卡姆？“

没有回应。

“卡姆熊熊。”

任然没有回应。

“卡梅隆——？”

他转过身来。

“卡姆，这不是台阶。请下来。”

这个早上余下的时间就是这么度过的，莎伦和卡姆不断地谈判，争取着老人与学龄前儿童各自最大的空间。莎伦给卡姆读了理查德·斯凯瑞[1] 的五个故事；之后卡姆想玩直升飞机，莎伦拒绝了。莎伦给她的教会打电话要组织一次参观，去做一些志愿工作；卡姆裹着毛巾假扮成幽灵，在客厅里跑来跑去。莎伦挂断电话提议他们一起去水上乐园；尽管外面有三十七八度，城市成了一个热气沼泽，但是卡姆拒绝换泳衣，直到她数一二三。对于大部分情况她都能耐心处理，而且她以前做过学校老师，当她有机会教卡姆东西时，她显然又活跃了起来。（“看，这张照片里他在做鬼脸。我能看到你的鬼脸吗？”——她对卡姆喊。）但是她看起来也疲惫不堪，几乎筋疲力尽，而且有的时候她的焦虑暴露在外——比如卡姆在穿上他的Crocs女鞋后起身时不小心猛撞上她的头时。“噢，卡姆，”她说得明显比想说的更严厉。“你必须道歉，说‘我很抱歉撞上你的眼镜’。”

“我很抱歉撞上你的眼镜。”

后来她告诉我当时她觉得那么做很糟糕，但是我已经知道了。几周前我们在电话里聊天时，她提到每当她对着卡姆大吼她就会在日历上标注一下，希望有一天她能够对自己的情绪有个总结。果然，这天早上我走进她的厨房为自己续咖啡时，看到日历7月8号那天上面写了一行充满自责的小字：“大吼日。”

那天整个早上，我都为莎伦感到担心。即便对于年轻人和身体强壮的人来说，养育一个幼童的任务都需要大量的精力。何况是一位已经养育了三个孩子，全靠自己一个人的固定收入生活的67岁老

---

① 理查德·斯凯瑞：（Richard Scarry，1919—1994）出生于美国波士顿，是最负盛名的儿童畅销书作家。1963年出版成名作《会讲故事的单词书》，12年里卖掉了七百万册。斯凯瑞一生创作了三百余部作品，在全世界的销量超过三亿册，创作的“金色童书”系列风靡了整个世界近四十年，陪伴了几代人的成长，是世界童书界当之无愧的无冕之王。

人，做为一个家长这个形势并不理想。大多数社会科学研究都会预言莎伦这种情况如果不带孩子会快乐得多。

有些事儿社会科学预测得不错，有些并非如此。其中一件事儿就发生在我们去水上乐园的那一天，社会科学很难完全解释它。

农庄水上乐园只是一个极小的刷着三原色的混凝土建筑，装有适当的自动喷水系统和一些旋转装置。但是对一个孩子来说这就是天堂，在这个三四十度的天气里这里也是成人的天堂。我们一到那儿卡姆就开始在喷涌的水流间跳动穿梭，让我感到惊讶的是莎伦一直跟在他后面。她的脸上绽放着微笑，尽管她疲乏劳累，膝盖酸痛，已经67岁高龄，然而整个过程中她脸上的那抹微笑从未消失。我想到了《不朽》一书的开场白，讲述者看到一位老妇人欢快地向救生员挥手，悲伤失望的瞬间不复存在，她完全超越了年龄。当莎伦站在一些水桶下面，一股水流从天而降倾泻在她头上她咯咯笑着时也是如此。她就像20岁时一样毫无羁绊，全然一幅少女般幸福的模样。“我们所有人都有这样的时候，”米兰·昆德拉写道，“生活在时间之外。”

幼儿也许让人疲惫，也许恼人，也许会破坏和重塑父母的整个职业及婚姻生活的轮廓。但是他们也带来了欢乐。每个人都知道这一点（所以说是“欢乐的束缚”）。但是其部分原因值得我们深思。不仅是因为他们柔软甜蜜，味道完美。他们也及时创造了时间的“虫洞”[①]，把他们的父母送回自从他们成年以来就再没体验过的感觉和感动中。成人的生活千篇一律，他们孜孜不倦地坚持惯例、习俗和

① 虫洞：（wormhole）或译作蛀孔或蠹孔，又称爱因斯坦–罗森桥，是宇宙中可能存在的连接两个不同时空的狭窄隧道。

规范。幼童可能会依靠他们养成的新习惯来把他们的父母从惯例中解放出来。

我们所有人都渴望摆脱这些惯例的束缚。更重要的是，我们所有人都渴望从成人的自我中解放，至少是偶尔地解放。我谈论的不只是承担公共角色和日常义务的自我（我们要减轻这些束缚只需去度个假，或者给自己来杯烈酒。）我说的是那些过多地活在头脑中而不是身体中的自我；那些自我背负了太多的关于世界如何运转的知识，而不是对它如何或者应该如何运转感兴趣；他们害怕被评判并且害怕不被爱。**大多数成人生活的世界缺少宽恕和无条件的爱，除非他们家有幼童。**

成年人的生活最不体面的部分就是它让我们那么心胸狭隘，使我们的判断冷漠和吝啬。往往需要一个更大的目标才能让他们向外看，让他们“无穷无尽地孜孜不倦地给予，”正如小说家和哲学家C.S.刘易斯[①] 在《四种爱》中所述。幼童能够在很长一段路途中拉着成人走出他们愚蠢的成见——不仅使得他们自我意识中的父母得以解脱，甚至能够帮助他们追求更好的东西。

最好意义上的疯狂

从水上乐园出来之后，莎伦和卡姆去儿童乐园玩。卡姆盯着一个梯子要爬。非常吸引人的梯子。

---

① C.S.刘易斯：（C.S.Lewis，1898年—1963年）出生于北爱尔兰首府贝尔法斯特，但长年居住于英格兰，是威尔士裔英国知名作家及护教家。他以儿童文学作品《纳尼亚传奇》而闻名于世，此外还有神学论文、中世纪文学研究等诸多著作。

“需要支援吗？”莎伦问道。

“我只有两条腿。”

“我知道你只有两条腿。把你的脚给我。”她手心向上托着他，当他踩着她的手爬梯子时她的脸涨红了。

“想爬另一个吗？”她问。

“我不行。”

“你确定？”她抱起他把他挂在上面。

卡姆看样子又兴奋又害怕。“我要下去。”

“你该怎么说？”

“请帮我下来好吗？”

她照做了。他走到另一个更容易爬的梯子下面。他抓住横档开始摇动。“我挂在梯子上啦！”她远远地观望着。然后他看到了一个更有挑战的。“也想挂在那上面吗？”她又问。

他点点头。

她把他提起来放到另一个梯子上。他悬挂了一会儿，然后他们继续往前走。莎伦闪到一旁观看。她不慌不忙，没有看表、手机或是其他妈妈。除了卡姆她什么都没注意。

幼童有一个内在的悖论。令他们沮丧的同一种发育现象同时也使他们感到自由自在——也就是说，他们不成熟的前额叶皮质[①]在此刻让他们坚持留在此地。我们大多数人都有时间表，什么时候去什么地方，干什么家务事儿。但是看看莎伦，她没有日常工作，丈

① 前额叶皮质：通常被称为脑部的命令和控制中心。决策和自控等较高层次的思考就在这里进行。

夫或者其他小孩子要照顾，如果我们都不看时钟你看看会怎么样。莎伦和卡姆外出时不会不安地带着手机去公园（虽然她非常喜欢收发电子邮件和短信）；在她家没有电视。“我不会让这个世界侵扰我，”她说。“只有我想让它进来时它才可以进来。”和卡姆在一起时，她的时间全然让位于孩子，让时间伸展。

我们中很少有人拥有弹性的时间。事实上在有关那位摄影师和三个孩子的妈妈——杰西的那章里，我详尽阐述了我们拥有多么少的弹性时间，以及家有幼童的生活方式经常与生活在永恒的现在相抵触。如果你像莎伦一样退了休，那么就更容易享受时光。

并不是所有的电子邮件都需要回复；有时最后期限更多地存在于我们的心中而不是马上截止。和莎伦一起度过的时光提醒我，**在合适的环境和心境下，时间比我们想象的更容易延展，在永恒的当下雕刻时间是值得追求的目标。**即使我们必须节省时间，也尽可能地给孩子们现在的世界留下十分钟吧！

在杰西那章，我提到陪伴这些前额叶皮质不成熟生物的另外一个缺点：他们无法调节自己的情绪，这需要父母的一份额外剂量的意志力。但是这也有积极的一面：孩子缺乏自我意识。他们信奉荒唐可笑的东西。他们想与无生命的物体交谈或者想一丝不挂地跑过房间。

“通常心理学家把这种孩子气的无拘无束视为一种缺陷，”艾莉森·高普尼克在《宝宝也是哲学家》中写道。“当然，如果你的日常工作是要解决每天如何和睦相处——如何真正有效地做事——这是一个缺陷。”（有人不得不这样做。）“但是如果你的日程表只是简单地探索现实世界和所有可能的世界，”她总结道，“这种明显的缺陷可能会成为一个伟大的优点。游戏显然是无拘无束的。”

让人惊讶的是，幼儿亲子课的很多父母谈到了他们摆脱成人的压抑时的快乐，只要每天几分钟就好。对于女性来说，她们倾向于唱歌跳舞。肯亚谈到看着她的孩子大吼着凯蒂·佩里的《烟花》跳进车后座；另一位女士谈到要参加户外音乐会。（“没人会在意你和孩子一起疯狂地跳舞。”）然后杰西说她是那么喜爱她的舞会。我第二次拜访她家时——这次是晚上，她丈夫卢克和三个孩子正在追逐嬉闹——她给我表演了那天早些时候亚伯穿着内裤跳的新舞步。她模仿得那么像——狂野、滑稽、对于这种个人的表达方式她丈夫好像比房间里的任何人都理解得更好；两个大孩子自发地加入进来，他们排成了一个跳康加舞的队形，就像艾丝黛儿的《美国男孩》的背景。就在这时，厨房突然传来一阵嘶嘶的声音。亚伯似乎很担心，卢克向他担保那只不过是炉子上的土豆要煮沸的声音。

“他们在尖叫，‘啊啊啊……，’”卢克一边在空中挥舞双手一边大喊。“‘你要把我们吃掉。’”

只有一个四岁的孩子才允许你这么模仿。

卢克的这些滑稽姿态似乎是幼儿亲子课的父亲们描述的相当典型的欢乐：身边的幼儿允许大人们遗忘生活中一定要穿的灰色法兰绒外套，而只是去做小孩们做的事。其中一位讲到要去明尼阿波利斯动物园，他已经15年没去过了；另一位父亲说“看着孩子们在外面跑来跑去，眼睛发亮，呲着牙齿”（后来我意识到这是一种无意识的效仿，来自《野兽国》：“咬着他们可怕的牙齿，转动着他们可怕的眼睛……”）。然后有位父亲简洁地说：“我喜欢在公众场所傻乎乎的举止。”

有时这种幼童修士的超然乐趣根本不是超然，而是我们可以屈尊多少。**这些欢乐让我们从规矩中暂时脱身，让我们搁置禁忌，有可能隐藏有意识的、循规蹈矩的自我。**在许多这样幸福的时刻，我们自由流淌释放本我。

要是我们把这些本我装入瓶中并密封起来，很难知晓我们为此要支付怎样的心理代价。亚当·菲利普斯对此问题一直保有浓厚的兴趣。他在一篇文章中指出："像华兹华斯、弗洛伊德、布莱克和狄更斯等作家，"都做出过这样的假定，年幼时的我们感知到的扰动和强烈最终给了作为成人的我们生命的力量。"如果没有这种第一次的疯狂，"他写道，"如果没有能够维持我们童年这种情感的生命线——对于我们内心最热情的那个自我——我们的生命就会开始枯萎。"

显然人们可以提出异议。上文提到的菲利普斯即是如此。但是，最终他似乎认为这种观点有一定道理。他引用精神分析师唐纳德·威尼康特的话："我是理智的，通过分析和自我心理分析我得到了某种关于疯狂的测量标准。"对于威尼康特来说，这种通往疯狂的途径就是穿越他童年感受的沼泽。"在威尼康特看来，孩子的疯狂是在最好的意义上的，"菲利普斯写道。'我们能做什么让孩子理智呢？'但是'如果可能的话我们能做什么让成人保持他们头脑中理智的疯狂呢？"

在威尼康特和菲利普斯看来，如果成人无法维持这种疯狂，那就将是一个悲剧。年幼的孩子至少能够指明方向。在我们离开儿童乐园时我思考着这件事。莎伦心情不错，卡姆也是。爬进汽车之前她快乐地指着自己的脚趾。"看我的脚趾，卡姆！它们糟糕透了！"满脚泥沙！

这个下午继续着麻烦混乱。我们去往莎伦的教会，在那儿卡姆显然是个名人，他立刻得到了某人生日剩下的一块蛋糕。(巧克力装饰的！很多餐巾纸接踵而来。)然后天开始下雨，很大，卡姆吃蛋糕时大人们凝视窗外。雨下得更大了，变成了冰雹；是那种风雨交加能把雨伞扭成麻花的倾盆大雨。卡姆静静地走到纱门那儿张望，什么都没说。很显然等待暴风雨变小是无望的，莎伦有了个好主意：跑！

我们的确那么做了，一路欢呼尖叫地回到她车上。卡姆爬进后座，莎伦甚至不用爬进车里就给他捆好了安全带——她只是开着车门，斜着身子，她的屁股和腿在倾盆大雨中湿透了。然后她坐到驾驶室。她转过身来看着她的外孙。“小疯人儿，哈！卡姆？”他点点头。她也点点头。“哇噢，”她说。

回归童年

孩子似的举止并不只是意味着丢掉禁忌或者胡言乱语。儿童通过做、触摸、体验来认知世界；但是，成人往往通过头脑——阅读书籍、看电视、滑动触摸屏来领会世界。他们与日常物品的世界疏远。然而与世界互动是“我们是谁”的基础。

马修·B. 克劳福德在他2009年的畅销书《摩托车修理店的未来工作哲学：让工匠精神回归》中给出了简洁的论点。他指出，如今办公室职员经常感到，“尽管他们的工作必须满足的人为指标很多，但是却缺乏那种规定的客观标准，例如木工的标准。”信息产业把“知识型工作”塑造成令人尊敬的工作，以至于人们再也体验不到用双手做事的喜悦。

这个话题是幼儿亲子课的一个小主题。凯文是一位全职爸爸，有一天他在他的全男性班级上说，“我发现我的职业并没有让我特别满足，这只是我做的工作。我喜欢把它做好，但是我不会回家说，哇哦，我很高兴帮助了这家大公司使他们的数据更有效！”

但是，年幼的孩子可以给成人提供一个机会，让他们得到生活中更易触知的快乐以及去追求有形的真实世界。他们提供了一个能够做事的机会，并且能真正地看到其效果。在年幼的孩子看来，你“做了一个雪滑梯，那真是太让人惊叹了，”正如一位父亲在课上回忆的那样。克林特搭建乐高积木塔，好像真的享受其中。很多父母讲到烘焙点心。一位母亲谈到第一次学习烘焙——看到孩子和一堆亮闪闪的面团在一起有一种不可抗拒的力量。总的来说，孩子让人们更想走进厨房：根据2010年哈里斯互动民意调查的结果，绝大多数下厨的美国人说，他们这样做是为了家庭而不是为了自己。而且更切实际的问题是，一个人能够追求的更基本的手艺是什么？

克劳福德对那些已经丧失的“能够动手”的快乐有极大的兴趣。在书中他认为“制作和修理东西的经验”对于人类、我们的繁盛（用他的话说）以及“当这样的经验从我们平日的生活中销声匿迹”的时候所发生的事情都是至关重要的。”他引用了哲学家阿尔伯特·伯格曼的话，这位哲学家区分了“用品”和“设备”的不同。用品是我们掌握精通的东西；装置是为我们服务的。“音响和工具相比，一个是设备一个是用品，”伯格曼写道。“一件用品需要应用，而一个设备导致消费。”

现在，小孩子的壁橱的确夹杂着设备——叮叮响的设备、嘭嘭响的设备、嘟嘟叫的设备以及发光的、带音乐的、能放视频的、能回应简单触摸的。但是童年早期也是为数不多的几次操作用品的机会，我们仍然强调它作为一种文化的至高无上——并掌握它——即“用品”。我们给孩子买锤子敲东西、买珠子串项链；我们给他们提供手指画颜料涂涂抹抹、塑料乐器来演奏；我们坐在地板上铺放几英亩的火车轨道，用tinkertoy① 搭建塔楼，用毛根儿做花朵。孩子出生时，总会有一位亲属买来一套儿童工具套装，认为他（她）应该知道如何使用。在幼儿园，所有的儿童都学习音乐，所有的儿童都学美术做手工，所有的儿童都玩积木、传球、跳舞。家长经常惊讶地发现，他们的孩子对于使用螺丝刀来打开各种设备的电池仓和设备本身同样地感兴趣。他们仍然视设备为“动手能力”。你可以将他们分开也可以把它们合在一起。在这个世界上，孩子们仍然使用着他们的双手。

也许对此的解释可以基于这样一个基本的发展现实：在童年早期我们第一次可以掌控自己的身体及发展运动技能。但是在某些方面，这正是问题的关键。幼儿和学龄前儿童获取知识的方式与其身体的体验是密不可分的。此时最容易看到我们人类的本性——正如克劳福德所述“自始至终都是与生俱来的工具性的，或者以讲究实效为导向的”。花时间和幼童相处——搭建城堡和烘焙蛋糕，打棒球和堆沙堡——在某些方面，我们被给予机会成为最好的人。这就是我们。**使用工具的生物，有创造能力的生物，能建构的生物——人类。**

① Tinker Toy：一种结构玩具的商标名。一套各种形状的零件，儿童可用螺栓等接合零件自由地结合成房屋，车辆等结构。

哲学

当杰西8个月大的孩子睡觉时，她的两个大孩子正在隔壁房间看电视，我问她关于教养孩子她最喜欢哪方面。我觉得她的回答可能会是聚会，她之前提到过。“但是，在更大的范围来说，”她说，“我喜欢看着我的孩子学会如何靠自己解决问题。这是一个探索者必须掌握的。”

小孩善变这样的话有点陈词滥调。让人高兴的是，高普尼克在《宝宝也是哲学家》一书中，从神经系统科学的视角描述了这些改变，有时甚至将其量化。关于他们的大脑，让人感到惊讶的部分是容积和频率的基本功能：婴儿和幼童的思维是如此可塑，以至于他们的知识库每隔几个月就更新一次，使他们的学习形成一种真实可视的图景。“想象一下，”高普尼克说，“把你2009年到2010年间最基本的认知彻底改变，然后在2012年之前再改变一次。”

孩子提醒我们，我们潜意识中那么多隐含的知识是我们曾经不得不“学会”的东西，它们整天在背后嗡嗡作响。孩子们还没脱光衣服就爬进浴缸，把吃了一半的香蕉放进冰箱，用制造商从未想过的方法玩玩具。（所以你想把这些颜料混合在一起，而不是拿他们画画吗？想把贴纸一层层贴起来而不是并排贴吗？用多米诺当积木，把汽车当飞行器，拿芭蕾舞裙做新娘面纱吗？就那么做吧！）然而没人告诉过他们这些。对孩子来说，整个宇宙就是一个可操作的实验。

而这就是实用的东西。幼儿亲子课的一位女士告诉我，她女儿问：她是否一直会是个女孩——不是因为她想成为男孩，只是因为她不知道性别是个固定的特征还是可变的。一位父亲在他的幼儿亲子课男士班上说，有天早上他儿子凝视着窗外，然后转过身来说，“也许我们是松鼠时我们就在那棵树上。”他也不知道是否我们的角色——这时是在动物王国里——是固定的还是可变的。《心流》的作者米哈里·契克森米哈赖分享了一个类似的养育幼儿生活的片段，当时他带着他的一个儿子去海边：“他看见很多洗海澡的人、游泳的人进出水面，孩子楞了一会儿说，‘看，水人！’这话是那么……”契克森米哈赖没把话说完。但是，我想他在寻找的词儿是“符合逻辑，”因为他继续说：“我想，是的，如果你没见过他们，我知道他们看起来像外星人。”当然了！水人一定是些把家安在大海里的超凡脱俗的物种。

大多数成人认为哲学是个奢侈品。但是，事实证明哲学是儿童自然而然做的事，而且当他们那么做时，他们把我们带回到遥远的、几乎难以想象的丰富时光，那时的我们还有着很多毫无意义的疑问。事实上，根据《哲学与幼童》以及《童年的哲学》的作者加雷斯·皮·马修斯的观点，问没有意义的问题是儿童真正的特点，特别是在3到7岁之间，因为他们的本能还未被驱赶出境：“一旦儿童进入学校，”他悲伤地说，“他们就知道，人们只期望‘有用’的问题。”

勒内·笛卡尔曾经说过，一个人要做正确的哲学必须重新开始。“对成人来说那是很难的，”马修斯写道，他在阿默斯特的马萨诸塞州立大学教了超过三十年的哲学。“这对儿童来说没有必要。”儿童没有什么不能学习。马修斯给了一个很好的例子——时间的概念——而且引用了圣奥古斯汀[①]的话：“那么时间是什么？如果没有人问我，

① 圣奥古斯汀：（Aurelius Augustinus，354—430）出生于罗马帝国，早期西方基督教神学家、哲学家。他的著作《忏悔录》（Confessiones）被称为西方历史上“第一部”自传，至今仍被传诵。

我心里明白。但是如果发问者想让我解释，我却无法回答。”

像圣奥古斯汀一样，当孩子们问诸如什么是时间这样基本的问题时，他们的父母们经常无言以对。但是他们往往也为此高兴。考虑这种基本的问题有点不值一提，但同时也是思维上的愉悦。“几个晚上之前，”一个幼儿亲子课的父亲说，“格雷厄姆和我正互相依偎着，这时他问，‘爸爸？水是什么？’”格雷厄姆2岁半。他显然知道水是什么。但是他的问题是：“是的，但是水是什么？”有一个听得见的热情的涟漪围绕在桌旁期待着。“水是什么？是的！”“而我就像这样”——他爸爸拍着手，夸张地预热主题——“‘嗯，有氢，有氧’......这太棒了。”

下课后他爸爸告诉我，格雷厄姆接下来的问题甚至更令人迷惑：“你能把水打破吗？”“因为我告诉过他如果把氢和氧放在一起，”他解释道，“就得到了水。所以他想知道你是否能打破它。”

那个星期我听了很多类似的问题。（“人们为什么小气？”是我最喜欢的一个问题之一。还有：“只有这个地方，这个有天空的地方吗？”）马修斯的书也都是这样的例子。他讲述了给一教室的成年人讲一个小孩问的一个经典问题——“爸爸，我们怎么能确保一切都不是一个梦呢？”——一个三岁的女儿刚刚问过母亲一个类似的问题：“妈妈，我们是‘活着’还是活在视频里？”甚至比有关存在的问题更加惊人的是，儿童对道德问题跌跌撞撞的疑问。他提到有个孩子在看望他垂死的祖父后，在驾车回家的路上问妈妈，老人准备死的时候是不是可以用枪解决。他母亲显然被吓了一跳，回答说不是；警察不允许。（也许这个答案有点奇怪，但是在那种处境下，任何父母都会略显惊慌本能地具体回答并简单论述。）这个男孩，当时四岁，回答说，“也许他们可以用药物解决。”

“重要的是，”马修斯写道，“哲学就是一个成人尝试去处理童年真正令人困惑的问题。”如果有机会，很多成人很享受思考哲学问题。但是他们在日常生活中很少有理由如此做，直到有了孩子。那么他们就得到了一个机会，至少有几年的时间可以沉思——也许重新考虑——为什么他们周围的世界是如此这般。他引用了伯兰特·罗素[①]有关哲学的观点：“如果它不能回答那么多我们期望的问题，（它）至少有力量提出那些能够增加世界利益的问题，并且解释陌生和好奇，他们隐藏于日常生活中最常见东西的表象之下。”孩子们以不可思议的方式提出那些问题。而这些问题，对马修斯而言，是真正的启示，而不是答案。

爱

当莎伦第一次看到米歇尔时（这个小婴儿有一天长大后成了卡姆的妈妈）她只有5个月大，8磅重。“不能茁壮成长”是代理机构使用的术语，当时他们让莎伦照顾她——米歇尔生身母亲的智商低于正常，明显对她疏于照料。莎伦愉快、充满爱意地接受了她，就像她已经照顾过另外9个寄养儿童一样，但是米歇尔给她留下了更深刻的印象。也许是因为她那么年幼；也许因为她那么幼小、脆弱又甜蜜。无论什么原因，莎伦和她的两个亲生孩子被她迷住了——“我们爱她

① 伯兰特·罗素：（Bertrand Russell，1872—1970）英国哲学家、数学家和逻辑学家，致力于哲学的大众化、普及化。

至深”——而且这种爱随着时间的推移更加深厚。五年后，莎伦站在法官面前，呈交办理正式收养手续的最后一份文书。

直到米歇尔9岁的时候莎伦才注意到她的行为问题。米歇尔的智商只有75，这可能是她叛逆的原因之一；应对这么多认知困难的挫折很容易让人产生社会问题，有严重学习障碍儿童的父母能够证明这点。或者米歇尔的行为也许是那出生后关键的五个月内被疏于照顾的结果，据莎伦所知那期间包括无法形容的虐待；也许是因为她遗传的一些模糊的DNA链。在米歇尔风波的同时莎伦的儿子也死了，莎伦知道这本不是个巧合：对孩子来说，失去兄弟姐妹是无边的痛苦，那段时间家里的每个人都沉浸在痛苦之中。

但是，不管米歇尔难以控制的起因如何，莎伦突然有了一个野蛮反叛的孩子，这个女孩没完成高中学业，经常跑去和各种各样的男友同居。精神病学家称之为“依恋障碍。”实际上，这对莎伦来说意味着更多。

“我花了很长时间让米歇尔相信我爱她，”那天下午当卡姆在楼上小睡，我们坐到客厅里时她告诉我。“她完全不相信有人会爱她，这造成了很多叛逆和不断地试探。”在米歇尔青春期的后期以及二十多岁时，她离开家再回来，离开又回来，每一次都会消失几个月，而莎拉从不知晓米歇尔是死是活。

与莎拉关系亲密的人都惊讶于她的宽容。“他们总是问我，‘你为什么这样对待自己，接纳她回来？她回来只是再次让你伤心，’”莎拉说。“然后我会说，‘嗯，因为我是她妈妈。’”

在这一点上我向莎拉承认，我也惊讶于她应对此事的力量。把这么多爱汇集到一个拒绝爱和依恋的人身上很难吧？

她耸了耸肩。“我想这就是亲情。”

是的。但是她所说的这个孩子并非亲生。

“但是，我对她有亲情，”她说。“她也许对我没有亲情的回馈。但是我对她有”那就足够了。“我不能告诉你为什么我爱她，”她说。“但是我爱她。我一直爱她。”

C·S. 刘易斯在《四种爱》的第一页区分了他所谓的给予之爱和需求之爱。“给予之爱的典型例子，”他写道，“就是这种爱驱使一个人为了他的家庭未来的福祉而工作、计划及储蓄，而他可能至死也分享不到或看不到这种福祉；而第二种爱让一个孤独或者害怕的孩子投入妈妈的怀抱。“

在我与幼童父母的谈话中，需求之爱通常最让人困惑，而且有很好的理由：没有什么像它一样。无条件地被爱，崇高的地位，无可非议，这种爱对于大多数成人来说是鲜见的，无论他们的配偶多爱他们或者朋友多么珍视他们。

“也许这么说有点自我为中心，”安吉幼儿亲子课上的一位女士说，“但是在这个年龄段，你是他们的整个世界。我喜欢这样......”

“......而且也许这就是原因，”她旁边的女士接着说，“你不想让他们长大。”

很多成人也需要他们爱的人。但是对于年幼的孩子，爱几乎和需求难以区分。需求使他们的爱特别强大。因为他们活在现在，很容易宽恕他人；他们还没有形成精神机制去怀有怨恨。（“当我道歉的时候她立刻好了，”另一位女士在班上说。“她就像这样，‘嗯，妈妈，不要紧。'") **幼儿和学龄前儿童不郁闷，不会囤积不满，不会有条件地去爱。他们爱。就是这样。**

但是，这是给予之爱，不是父母们带着更多的激情谈论的需求之爱。需求之爱来自儿童。给予之爱出自父母。它不是那么舒服的事儿。而且给予之爱也很难聚集，这与众多快乐育儿书籍的新育儿主张观点相反。当父母把新生儿送进保育室时，不是所有的父母立刻就有了爱。相反，它是随着时间的推移而绽放的。艾莉森·高普尼克在《宝宝也是哲学家》一书中用了一则完美的格言对此做出了区分："与其说是因为我们爱孩子而照料他们，"她写道，"不如说是因为我们因照顾他们而爱他们。"

莎伦对米歇尔怀有的就是这种爱。通过养育幼小的她，日复一日，莎伦渐渐爱上了她，有了亲情，顽固地希望保护她，不论青春期或者成年的米歇尔多么尽力地推开她。

这并不是说父母垄断了给予之爱的市场，或者他们比非父母做得更好。有很多时候父母觉得自己的爱是有条件和有所保留的；有时他们发现，让他们恐惧的是他们很难爱自己的孩子。莎伦敏锐地意识到，在卡姆走进她生活之前的几十年，当她还是一个年轻母亲时她过去的不足之处。她和丈夫很早就离了婚，这让她穷困潦倒，有时孩子们午餐连博洛尼亚三明治[①] 都吃不起。她记得她错过的那些成长里程碑——迈出的第一步、说出的第一个词——因为当时她正在忙于生计，寻找教书的工作。在迈克死后，她得了严重的抑郁症。

① 博洛尼亚三明治：流行于美国及加拿大。通常是白面包片夹着博洛尼亚肠，及各种调味酱制成。

后果是即使在家也是心不在焉，这让她的女儿们遭受了失去兄弟和母亲的双重痛苦。

“我不想说当时我是个坏家长，”莎伦说。“但是我的生活那么艰辛，想养育这些孩子却不能给他们所需要的东西。”她同情年轻时的自己。她也知道她的生活本可以更容易些，像她所说的，“如果有更多的社会帮助。”但是这些年的挣扎明确了她的内在生命和她随后的选择。“因为知道我没能够让我的孩子感受到世界是安全的，也没能在他们需要的时候提供帮助，所以这些驱使我现在为别人做事，”莎伦说。“而且也促使我为卡姆所做的一切。”

很多年后卡姆给了她又一次机会，成为最好的自己。那就是孩子们最后能做的事：给我们一枪，即使我们那么频繁且灾难性地脱靶，**努力慷慨地去爱**。“我们中的每个人都有一部分不能自然地被爱，”刘易斯在《四种爱》一书中写道。“每个孩子有时都令人恼火；大多数孩子都经常让人讨厌。”但是在我们处于最好状态的那一天，最优秀的时刻，我们能够忽略这些缺陷，以我们心中他们最好的样子去爱我们的孩子。“有很多方法可以达到这种理想，关爱他们”高普尼克写道。“关爱孩子是体验圣洁的一种非常迅速有效的方式。”

大概90分钟后，卡姆突然出现在楼梯上。“卡梅隆！”莎伦喊。“你醒了！过来！”他跑下台阶，跑到外祖母那儿，给了她一个大大的拥抱。她拍了拍他的小屁股。“你睡得好吗？”

他点点头。现在莎伦看起来要比今天早上快乐得多，人们很难不被其打动。我问她是否意识到刚才我们在水上乐园时她抑制不住脸上的笑容。

她笑了。“没有。但是我喜欢水。那可能是笑容的一部分。”她想了一会儿。“我爱孩子，我爱水——他们在那儿聚到了一起。而且我知道卡梅隆很开心。看到你在水里笑让我很快乐，是吗？”她转身对卡姆说。“你在笑啊笑。你在喝那水！”她注视着他的脸。“这让我快乐。”

所以莎伦以她自己的方式努力追求一点点的圣洁。事实上，她是有宗教信仰的人，在她的天主教会非常活跃。她对上帝并不确信——“比起上帝我更相信耶稣，”她喜欢这样说——但是她相信福音和社会正义，用简单的话构建她的哲学：“你应该照顾那些得不到他们所需的人们。”

这就是她和米歇尔的生活：试图给予她所需要的东西。“我得到了一些东西，”思考了一会儿后莎伦说。“她对我的爱是接受的。”莎伦认为那是一份礼物。米歇尔是那种很难信任他人，很少接受感情的孩子。对莎伦来说这意味着米歇尔学会了接受她的爱。“爱她的感觉很好，”她说。“而且，爱她也是我的承诺。我非常遵守承诺。如果我承担了一份责任但我不能做好自己，那么我就不会去承诺。”她回想她站在法官面前决定收养她的那一天。“他看着我说，‘你知道你不能把她退回来了。’”她笑着同意。“是的，我明白。一生一世。”而且那就是关键。“我做出选择的时候，我也有其他选择，”她说。“但是一旦我做出选择，我就不会违背。就是这样。”

现在她对卡姆做出了同样的承诺。在又一次长达几个月的失踪以后，米歇尔在32岁时回到莎伦身边，并告诉莎伦她怀孕了。米歇尔不知道自己已经是宫劲癌晚期，她在孕期没有做过任何孕检，而且癌症没有任何症状。卡姆在28周就出生了，这个孱弱的小东西的生存前景并不比他母亲的好。米歇尔又坚持了9个月。她生命的最后非常痛苦，不能被触摸，不能抱自己的儿子。她明确表示的一个希望就是莎伦能够照顾他。莎伦那么做了，每一天，不完美但深切。卡姆现在的房间正是他母亲最后几个月时的弥留之地。

“现在为了将来的生活，”莎伦说。“有时我想，他在父亲家庭里、和一些年轻人在一起是不是更好呢？”她认真计算着。她67岁；他3岁。“然后我就像这样，‘有可能。但是我去哪找他们呢？我怎么能知道呢？’如果我确定不能知道，我不能找到他们，至少他还有我。”

阿尔伯特·爱因斯坦说过有两条引领生活的路：一条是，如果没有奇迹的生活，另一条是，如果处处是奇迹的生活。莎伦的目光穿过客厅。卡姆小心翼翼地坐进扶手椅里，理查德·斯凯瑞《在机场的一天》躺在他的膝头。“卡姆出生时，”她说，“他3磅重，14英寸长[①]。现在，只三年时间他就能盘着腿看书了。你怎能不惊讶？”她看了他一会儿。我们两个都看了他一会儿。“这是怎么发生的？”她问。“我们开始时一无所有。今天，看看他。他掌管着自己的地盘啦？”

① 大概1361克重，36厘米长。

CONCERTED CULTIVATION

第四章

协作培养

深厚之情必定是爱及至深，才让人甘愿积蓄钱财供以他人。

——爱德华·桑福德·马丁，《孩子及其他奢侈品》

是劳拉·安妮·岱提议让我和她一起去幼童军注册处的。这并不是我原来打电话时的计划。我没有计划。关于她的生活，我的了解仅限于：她35岁，离婚，是两个男孩的妈妈；她是一位律师的全职助理；以及她住在西大学地[1]，那里是休斯敦富有的自治市，忙碌进取的父母们在那里过着忙碌进取的生活。

后来她告诉我她是一个童军妈妈。在休斯敦，幼童军是一项巨大的产业。究其原因，劳拉·安妮能给你不重样地讲出16条来，不过没有一条能解释为什么她建议我今晚跟她走。当然了，劳拉·安妮认为幼童军注册处是附近的最佳地点，在这里能现场观看一出出好戏，父母们千方百计地要填满孩子们的秋季日程安排表。她把太阳镜架在头顶的金色短发上，卡其布童军衬衫整齐地掖在牛仔裤里。开着丰田汉兰达载着我去那里时，她告诫我：从进门那一刻起，我

① 西大学地：休斯敦富人区，其街道以美国及世界著名大学、诗人的名字命名。

们就会感受到空气里充盈着矛盾又沉重的咏叹调。“瞧着吧！”她边锁车门边说。

她是对的。家长们一到西大学地卫理公会教堂，就开始向童军队长频频发问：我一周需要参加几次这样的会议？孩子参会的时间是否可以灵活一点？因为……

“因为我儿子每天晚上要写至少一个小时的家庭作业，”一位妈妈看着她的儿子说，“而且还有钢琴课、足球课，我家小宝宝还有儿童棒球课……”

“因为他每周有一次关于印度古典乐的Skype网络课，”另一位妈妈说，“而且一周两次声乐课，周末还有钢琴课、足球课和语言课——周六的梵语和周日的北印度语……”

“因为，”前一位妈妈话音刚落，一位父亲直截了当地总结道，“跟各位一样，我们的日程安排太紧张了。”

兰迪平时是足病医生，今晚作为童军队长他给大家一一解答疑问，每次他都同情地点着头。“对。答案是每月两次会，一次小队会，一次童军大会……”

刚才那位父亲一脸苦相地继续说：“好吧，我还得再考虑一下。”他看着自己的儿子说：“因为他每周二理所当然要去上橄榄球课。”他说“理所当然”是因为这里是德克萨斯，在德州每个人都打橄榄球。而且“理所当然”也颇具讽刺意味的是，每月一次的童军大会也在周二晚上。“而且，我还是他弟弟周二晚上的足球教练，”这位父亲说。这意味着他有双倍的理由不能带孩子参加童军大会。“好吧……”不过，他勇敢地尝试着想出一个两全其美的办法。“也许他可以不去参加每月一次的橄榄球训练，”他无可奈何地、长长地吁了一口气，“或者也许……”他的声音越来越小，“也许我们得使分身术了。”

排班过度的父母

威廉·多赫提是明尼苏达大学家庭社会学教授及幼儿亲子课的顾问，他在1999年首次创造出“排班过度的孩子”这一词语，成功描绘了儿童的日程安排中同伴约会及课外活动的激增，好像他们突然变成了忙碌的指挥官。排班过度引起了评论家们的很多关注，他们害怕这种现象会造成孩子们的焦虑，并且剥夺其自由想象和随性玩耍的权利。但是，极少数评论家们认为如此过度紧张的计划也给儿童的父母造成了一定伤害。是的，那些父母通常是负责家庭计划的人，所以在这个问题上同样是受害者。但是，是什么特殊的力量驱使着妈妈们和爸爸们如此过度安排，这是值得深思的问题。

因为，他们过度参与。每一个排班过度的孩子背后都有一个妈妈或是爸爸忙着填写报名表格，从儿童棒球场奔向滑冰场，再赶去上国际象棋课，而且很多时候都和孩子步伐一致，从接受铃木式小提琴训练①到共同建造瑞兰特体育场②的微缩模型作业。一位妈妈这样对我说：“因为我想做个全职妈妈，所以计划了一个能让我兼职的事业。结果我根本没法呆在家。”

社会学家安妮特·拉鲁是第一批深入研究这一操控性乱象的学者之一，并在《不平等的童年》中以有力的细节表达了其观点，

① 铃木式小提琴训练：一种音乐训练方法。

② 瑞兰特体育场：座落于美国得克萨斯州的休斯敦，是全美第一个拥有可开启屋顶的职业橄榄球场。

这本书在2003年出版后随即成为经典之作。书中以十二个家庭为例,——其中有四个中产阶级家庭，四个工人阶级家庭，四个贫困家庭——她不禁注意到他们迥然不同的育儿风格。贫穷和工人阶层的父母并未试图指导孩子生活的方方面面。她把其育儿方法称之为“成就自然成长”。相反，中产阶级父母的育儿观则完全相反——她发明了一个术语，称之为“协作培养”。

“协作培养,”拉鲁写到,“让忙碌的父母承担大量的劳动，使得儿童精疲力竭，强调个人主义的发展，有时以牺牲整个家庭的发展为代价。”纵览全书，她以共情、和善又困惑的敬畏之情看待中产阶级家长，但让她最感到惊讶的似乎是中产阶级父母参与其孩子生活背后心理的阴暗本性。她以马歇尔一家为例生动地描绘了这一点。“工人阶级和贫困家庭的孩子可以有自主权以自己的方式安排生活，与之不同,”她写道，“在马歇尔的家庭，孩子们生活的大多数方面都受到母亲正在进行的审查（强调的是母亲的)。”比如她女儿应该参加哪种体操项目。“关于体操的决定”，她写道，“比起其他家庭成员这似乎对马歇尔太太更重要。”就好像她女儿的未来取决于她在哪儿学会后空翻和侧身翻。

这就是我来休斯顿及其周边郊区的原因之一。这里是这个国家协作培养的非官方首都之一，虽然它可能和纽约或者剑桥或者比佛利山庄不同。这个地方有所有这些成分。它有一个欣欣向荣的中产阶级。它着迷于运动。它有人口众多以搞研究为生的成年人——工作在德州医学中心，贝勒大学、莱斯大学、休斯顿大学和很多能源公司。而且根据2010年的人口普查，有十八岁以下孩子的家庭数量呈爆炸趋势。

在这里，课后棒球运动不只是少年棒球联合会。这里是直接由私人棒球教练辅导；水平高的孩子们参加俱乐部级别的棒球锦标赛，“甚至不用参加选拔赛，”劳拉·安妮说。“你不得不‘被需要’。”娜迪亚·科马内奇、玛丽·卢·雷顿和克里·斯特鲁格[①]的前任教练贝拉·罗尔伊在休斯敦60英里外经营着一家体操营。有些孩子在上学之前就开始踢球了。“今年夏天斯蒂芬参加足球夏令营，”我遇到的另一位妈妈莫妮可·布朗说，“那些家长这么说，‘我们要给孩子们来点蛋白质奶昔和肌肉牛奶！’好像他们的孩子七岁就要走职业化路线了。

夏天甚至更糟，因为孩子们全天都可以排班。我第一次给德克萨斯州的家长打电话时是6月，和我通话的妈妈有两个男孩，一个11岁一个13岁，他们都有数学和理科天赋。大多数父母都知道，如今的夏令营不同往昔。以往的夏令营玩的都是绳球游戏[②]、接力比赛和不能吃的果冻。现在的夏令营已经变成了每周的浸入式[③]课程，每门课程的目标都是鼓励发展特长和开阔思维。但即使在这些新型的、将天赋最大化的培养模式中，这个夏天这位妈妈为儿子们的诵读选择的仍然是荷马的诗篇，这对孩子们来说就是书呆子的天堂，而对

① 娜迪亚·科马内奇、玛丽·卢·雷顿和克里·斯特鲁格：均为奥运会体操冠军，师从贝拉·罗尔伊。

② 绳球游戏：用绳将球系于柱顶，打球者持球拍分立两边，彼此将球对击，以使球绳完全绕于柱上。

③ 浸入式：是指用第二语言作为教学语言的教学模式。即儿童在校（园）的全部或一半时间内，被“浸泡”在第二语言环境中，教师只用第二语言面对学生，不但用第二语言教授第二语言，而且用第二语言讲授部分学科课程。也就是说，第二语言不仅是学习的内容，而且是学习的工具。

她和她丈夫来说就是拼车接送孩子的地狱。他们有一个电脑夏令营学习Java，一个学习C++，另一个学习VisualBasic；还一个夏令营学习“游戏模式”，就是教有抱负的黑客们脱离菜单操控视频游戏。自然科学博物馆的众多夏令营中有化学营、太空营、恐龙营和物理营（其中包括星战士学院和理事会）；美国机器人学会开设了“疯狂的战斗装置”和“列奥纳多·达·芬奇的机器”两个营。思维敏锐的七年级孩子可以参与从建筑学到神经科学为其3周相当于大学水平的课程。更超常的孩子可以制做“胶带作品”，这跟听起来一样，是用粘性材料做不大可能的东西，包括手机外壳和人字拖鞋。

孩子们的课外活动如雨后春笋般增长，家长们的参与行动逐步升级，也许能描述这一状况最简单的方式就是通过数字。根据“美国人时间管理调查”显示，在2008年父亲和孩子们共处的时间是1965年的三倍。

那么如何解释这种更加穷尽全力的稳定趋势，和筋疲力尽的教养方式呢？

一种解释坦率地指出：我们正在拥有更少的孩子，这意味着我们有更多的时间和每个孩子相处。但是另一种解释更加微妙。我们的国家地域辽阔，这意味着孩子的朋友们居住分散，让孩子参加有组织的活动可以给他们与社会交往的机会。（我应该补充一下，这确实是休斯敦地区的现状，这里被十二车道的高速公路像丝带一样一圈圈包围着，路上冰激凌卡车般大小的SUV熙熙攘攘。）我们也生活在电子媒体的轰炸之中，父母们害怕孩子们受到诱惑，所以用更有教育意义的日程安排与其竞争。今天的家长额外地庇护——而且不总是那么理性——担心儿童的安全，这让他们更倾向于操纵儿童的时间。而且我们生活在一个女性也工作的国家，这会形成不安和矛盾的情绪，导致父母们要承担更严格的责任。特别是母亲，她们要花费更多的非工作时间和孩子相处，以弥补逝去的时间。

甚至更重要的是，过度教养反映的是一种新的观念，就是对未来的困惑和焦虑。如今，中产阶级无可怀疑的信念就是，为了使孩子能够应对未来的世界，他们应该尽善尽美并不断完善。但是我们为之胡乱付出的努力经常引起矛盾，事实上甚至更加混乱，这些表明在这个重要问题上，我们对于需要承担什么以及确切的角色都心存困惑。确切地说，我们要让孩子们准备什么？作为母亲和父亲，我们应该让他们如何准备？父母们总是盲目地操纵吗？或者在过去父母和孩子的角色更清晰简单吗?

可能这些听起来都是反问句，但是他们比一个人可能想到的更加复杂，他们是教养中期最令人烦恼的挑战。这一时期儿童在所有方面的长处和弱点、喜好和品味开始显现。曾经的怪癖、有点让人恼怒的习惯或是令人喜悦的脾性开始确定为成熟的性格特征。整个人格开始显现。中产阶级家长把这些年看成一个关键的发展期，他们既可以做些什么，或者也可以什么都不做来耐心地慢慢使孩子成为最好的自己。但是他们不确定如何做对孩子最有利。莱斯利·舒尔茨是住在休斯敦郊区的一位妈妈，下文马上会提到她。她说：“当孩子年幼时，问题是‘这是我开始种植谷物的合适时机吗’？现在，‘我正在为孩子做正确的决定吗？’”

确实，如果答案是肯定的话她又如何能知道呢?

我们通常认为协作培养是沿海地区过度特权神经敏感的结果，或是德州人的志向。但是当我读到安妮特·拉鲁所说的前两种人，我想起通过幼儿亲子课在圣保罗学校遇到的两位女士来了解情况。她们都是妈妈团体的成员，她们自称为“委员会”，因为她们是通过有关孩子活动的委员会而彼此相识。“这个委员会里所有的女人，”其中一个在电子邮件中写道，“都是聪慧、关心他人、有趣并且充满活力的女人。但是，她们马上就要被完全烧焦了。”

第二天，在一个咖啡馆我见到了给我发电子邮件的人，玛尔塔·肖尔。玛尔塔是统计学教授，两个孩子的妈妈。她告诉我她备受煎熬，决定今年把家长参与的活动限制到每个孩子一项。

为什么？我问。

她困惑了一会儿，最后说：“因为如果不是每个孩子只限一项活动，那么就会变成十八项。”

但那不是我想问的问题。我想问的是究竟为什么她感到有必要那么做。她正准备开车带9岁的女儿去上游泳课、希伯来语课和钢琴课（或者，至少是正在协调搭车上课的事），而且她已经是女儿的女童军领袖。也在为女儿研究柔道和美术课。不是因为她能负担得起这些活动，也不是有时间，而是她认为她至少应该考虑一下这些选择，因为她女儿已经表现出了兴趣。而且她已经在为幼儿亲子课做宣传工作。她和她三岁的孩子一直在参与课程。

玛尔塔难以想象如果不做这些事她的世界将会怎样。所以，当我问道她为什么要坚持如此的高标准（所有活动都遵循适度的预算，所有的都在全职工作下完成），她完全理解我的问题。

第二天，我见到了她的朋友克丽茜·施耐德，“委员会”的另一位女士。克丽茜是位全职妈妈，有四个孩子。她告诉我她也处于“休假年”，虽然她仍然在教会和儿童牧师团任职。我问她有关孩子的课外安排。以下是她的回答，逐字转录：

“这个夏天埃迪有两项运动。白天他日程很满——为期五周每周五天的游泳课。而且他还有一门美术课，因为是和他哥哥一起上，所以我只用送一次。但是接下来他会有儿童棒球和足球课，这个安排和亨利的时间不一致，亨利去上足球课和少年联盟棒球，而伊恩正好在上少年联盟棒球。然后他俩一起上有关阅读的家教课。亨利上钢琴和大提琴课。他在学校上大提琴课和私人钢琴课。并且他正在衡量上哪一种，毕竟花费不菲，除非我们中彩票。他两个都想学，因为这是他的兴趣所在。伊恩学小提琴。他在学校学，但是我必须在场，因为是铃木训练法。”

她最小的孩子梅根还不到参加课外活动的年龄。她只有两岁。

这些女人中没有一个资金充裕。她们的孩子上的是公立学校。克丽茜和她的丈夫以及四个孩子住在一幢1，300平方英尺的房子里——并不是宫殿。每选择一项课外活动都意味着节制另外一项娱乐。（在我们的谈话中，玛尔塔说起请临时保姆和外出约会时，有好几次提到她和丈夫的约会之夜花销太大。）但是，这就是他们做的，就是他们周围其他父母们所做的。也是他们从书上读到的他们应该做的——这就是信息时代你养育孩子时发生的事。“当我读到，‘经常运动的女孩不太可能吸毒或者怀孕，”玛尔塔说，“我的反应是，噢不，如果她在四岁时不踢足球，她就不会参加团队运动了。”

过了一会儿她才意识到也许并不是那样，她女儿会很好。

无用孩子的增加

今天，大多数中产阶级父母都会理所当然地认为，玛尔塔和克丽茜的养育方式是很自然的事情。为孩子做什么都不过分。如果改善孩子的生活使得他们自己衣衫褴褛——而且料想他们会衣衫褴褛——那父母们也会这样做。孩子值得他们这样付出。

但是，成年人对待孩子不是一直如此溺爱。在十九世纪之前，他们对待孩子非常冷静，根据历史学家史蒂文·明茨的研究，当时人们认为童年是“未长成和不完善的时期”。他写道，人们很少“把孩子和乡愁或深情联系起来”。新英格兰移民把他们的新生儿称呼为“它”或者“小陌生人”并非怪事，而且也没有采取额外的措施保护这些小闯入者免受伤害。明茨写道：“孩子们被蜡烛或者平炉灼伤，掉进河里或者井中，误食毒药，折断筋骨，吞下小物以及被果壳塞住鼻子。”成年人也没有试图保护儿童免受更加残酷的情感生活的现实：“牧师们尽可能早地告诫孩子去思考死亡，并且他们的布道里包含了有关地狱的图形化的描述和永远被罚下地狱的恐怖。”

这些引述均出自明茨严谨详尽的《哈克的木筏》一书，这是一部从美国建国初期至今美国人童年的编年史。对于任何并非专业历史学家的父母，此书都是一个启示。任何好的历史都会为今天的社会习俗和信仰体系提供有用的背景，但是阅读这本有关童年的历史尤其让我们感到惊讶，因为我们倾向于认为我们对儿童的看法是本能的，所以是不变的、不可削减的。但是据明茨所述，美国人并不是一开始就认为儿童是易受伤害、可爱单纯的，虽然人们对这种观点并非完全一无所知：十八世纪，哲学家让·雅克·卢梭认为，儿童纯净、天真、无忌、诚实。十七世纪约翰·洛克提出，儿童生来是一张空白的画板，服从于父母的指导。但是，直到十九世纪初期成年人才开始如此认为。当时儿童高脚椅刚刚问世，正式标志着儿童地位的提高（他们在餐桌上赢得一席之地，也因此获得说话的机会）；第一本育儿建议著作出版；美国出现公立学校。保护儿童的福利机构开始涌现，例如儿童医院和孤儿院。一场思想革命开始了。

然而，对于大多数孩子来说这场革命并没有转化为新的权力。儿童也是有经济价值的。十九世纪早期，工业革命创造了巨大的童工需求。在小镇，孩子们去磨坊和矿井工作成为一景；在城市，他们遍布街头售卖商品、在工厂做工。在农业开始商业化之时，童工在农场变得尤为重要；事实上，儿童对于农业经济已经必不可少。根据明茨的研究，当时儿童5岁时除草，8岁时收割庄稼。十九世纪晚期，儿童比他们的母亲更有可能工作赚钱，而十几岁男孩儿的工资往往比他们的父亲们还要高。

直到进步时代——大多数学者把其宽松地定义为1890年至1920年——成人终于组织起来共同努力废止童工。改变仍然是缓慢的。一般情况下，改革者们把农活视为例外，因为干农活可以塑造品格；在第二次世界大战期间，对童工的限制条件不得不被放宽，因为很多年轻男性都在海外。但是，战争的结束是临界点。正如我们今天的观点，童年是长时间受庇护的，几乎完全用于接受教育和情感成长——这成为了美国儿童的标准。只有成年人全职工作。儿童不工作；

他们不被允许工作。事实上，父母开始给孩子钱花：这个奇怪的风俗，即众所周知的“零花钱”正式形成。孩子的主要工作变成了他或她的学校教育。社会学家维维安娜·泽利泽在她开创性的书《给无价的孩子定价》里写道，“十九世纪儿童的有用工作被无用儿童的教育工作取而代之。”家庭作业取代了实际的劳动。劳动肯定有价值，但不是对于家庭。“虽然童工曾经对家庭经济有用，”泽利泽指出，**“儿童的工作主要是惠及儿童。”**

孩子，以一种有趣的方式，成为信息经济第一个真正的成员。学业很少涉及生活技能，但却成为他们最大的专业领域。文化课和体育运动。现代童年已经开始。

正如我在介绍中提到的，泽利泽找到了一个令人难忘的短语来描述这种历史性的转变。儿童已经变成**“经济上一文不值但情感上的无价之宝”**。

儿童从这种新的情感转变中受益良多。过去儿童对家庭经济能够作出贡献，但是现在被视为无价珍宝和不可代替让他们在家庭等级中拥有了比以往更多的权力。一些社会学家指出儿童的新地位撼动了传统的家庭结构。明茨在《哈克的木筏》中引用了20世纪50年代《组织人》的作者威廉·H. 怀特的话，他把战后美国描述成一个“子代统治，年轻人主导的社会。”当儿童停止为成人工作时，每个人都很困惑是谁说得算。

实际上，对于现在中产阶级这种本末倒置已经出现了更明显的行为后果。“中产阶级儿童，”拉鲁在《不平等的童年》中写道，“与父母争辩，抱怨父母不称职，并蔑视父母的决定。”她在穷困和工人阶级家庭中的孩子身上并没有发现这些，那些家庭的孩子“迅速地回应父母并不声不响地听从成人的指令。”她注意到，低收入家庭的父母发出命令并给出指示，而中产阶级父母提供选择并与孩子讨论解决。

儿童觉察得到这种担忧。这种被别的时代的父母所劝诫和惩罚的无礼言辞，正在受到中产阶级父母们的奖赏。然而所有的儿童都或多或少地知道他们的地位，但是，中产阶级儿童被告知他们完全被允许这样做。从长远来看，这种态度或许会也或许不会对他们有好处，因为他们会带着没有什么权利机构强大到不可对抗或是智胜的观点进入社会。但是有一件事可以立刻看清：这种态度对父母不利。“使用这种方法鼓励孩子的父母，”拉鲁写道，“能够导致孩子挑战、甚至拒绝父母的权威。”

受到新方式鼓励的孩子可以解释，为什么男童军能够吸引如此众多母亲和父亲们。童军活动教授规则与尊重。当然，他们并不是唯一这样做的机构；宗教组织也如此做。但是童军让父母负责，而不是让陌生人越俎代庖。比如那位足病医生和幼童军队长兰迪，他告诉我：“孩子们把你视为行为榜样，然后他们就开始自动做我们正做的事。”他想了一会儿。“很高兴能让你们的孩子有礼貌。或者去餐馆吃饭时行为得体。”

如果在家庭中孩子的角色是唯一改变的，那这本身就是一个重大的历史进展。但是工业化和现代化也不可避免地改变了父母的角色。随着时间的推移，母亲和父亲在家庭经济中也失去了他们传统的职能。在工业革命以前，家长为孩子提供教育、职业和宗教指导；

如果孩子生病家长也护理他们，帮孩子做衣服，提供餐桌上的食物。但是，随着工业化，这些工作渐渐地一个接一个地外包给家庭以外的团体和机构，“家庭经济”的概念几乎不复存在。父母们唯一的工作变成了供养和养育孩子。

在某种程度上，自从我们开始辩论有关父母的角色，无论是父母应该给孩子自由，还是干涉主义的“虎妈”，重视情感的或是倾向于严格的爱，每一次都可以追溯到母亲及父亲传统角色的削减上。现在，我们不太清楚“教养”的含义。我们知道这并不意味着：教孩子数学、地理和文学（学校这样做）；为他们提供医疗（儿科医生）；给孩子做衣服和裤子（海外工厂）；给他们种植食物（工厂化农场，然后进入连锁超市）；对他们进行职业培训（两年制学院、学习班、视频）。然而，教养所涉及的内容的确很难定义。唯一一个几乎所有中产阶级父母一致同意的内容——无论他们让孩子每天练三个小时的小提琴，还是根本不给孩子任何压力——他们所做的事是以孩子的名义，而且只以孩子为名。父母不再以家庭的名义或者更广泛世界的名义养育孩子。

作为父母，有时我们会误以为事情总是这样的。他们不是。现代家庭只是——现代——而且我们所有人的定位都是全新的。除非我们记住，作为父母我们的生活多么的崭新，而且多么不同寻常并与历史无关，我们看不到作为母亲和父亲我们生活的这个世界仍然在建设中。现代童年的历史不到70年——这个长度在历史长河中只是一瞥。**作为家长，我们的角色仍然模糊难以定义，比起五指手套其形状更像连指手套。很难优雅地穿戴。**

全球化的优化的孩子

“你找对地方了吗？”莱斯利·舒尔茨，四十岁，穿着优雅得体，正在她位于舒格兰德的红砖房子门口迎接我，那里是休斯敦西南的一个高档住宅区。虽然这幢房子有五间卧室，5,200平方英尺[①]的面积足以在里面散步——她和她丈夫大概十年前以35万美元买下这个地方——但是在这附近她家的房子绝对不算大。这片精心照料的街区还有很多同样的豪宅（两个家庭房，教堂般宽敞的厨房，所有的卧室都配有卫生间），而且沿着皇家棕榈大道驾车去往她家的一路上都是更大的房子，有几个大概14,000平方英尺。（第一次我误以为它们是乡间俱乐部，直到我注意到它们一幢挨着一幢，这片住宅区的样子是模仿某个王朝的版本）。就在我拜访莱斯利后不久，我被其他舒格兰德居民反复地告知，有钱的印度医生拥有很多这种庞大的地产。这事儿并不能完全证实，显然对一些人来说这可能平白无故地引起种族暗示。但是，我很快发现这个人口变化的调整有着更大的背景。1990年舒格兰德地区79%的居民是白人。今天，居民中有44.4%的白人和35.3%的亚洲人。该地区的政治曾经并且现在仍然是保守的——以众议院多数派领导人汤姆·迪莱[②]为代表，直到2005年他被起诉——但是，最近从印度和中国涌入的高分移民改变了该地区的面貌。并且，这些移民改写了本地学校成绩优异的标准，这直接影响了很多舒格兰德居民的生活。

---

① 大概483平方米

② 汤姆·迪莱：美国前众议院多数党领袖。2011年1月10日，因犯有合谋洗钱罪，被判入狱3年。

“如果这里的白人家庭想给孩子施加压力，”莱斯利告诉我，“他们很有可能对孩子在运动方面施压，比如让他们的孩子参加一整年的游泳队，直到他们表现突出。但是，亚洲家庭会更多地强调学术知识。”

莱斯利根据自己的情况，坚持让她的孩子们每周至少参加一项体育运动。她十三岁的女儿参加排球队，每天训练；十岁的儿子每周打两次棒球、练两次空手道以及在淡季打每周两次的夺旗橄榄球[①]。对莱斯利来说学习成绩不可否认也相当重要。她自豪地谈及她的女儿是位优等生，而且去年夏天她为儿子雇了一位家庭教师，因为全国范围内的三年级测试即将到来。但是你可以听出她话语中的质疑。“我一直在思考，”她说，“我为什么要为孩子请家庭教师？他才二年级？”

莱斯利的方法曾经很管用。如果你搬到中上阶级的领地，比如舒格兰德，并且鼓励你的孩子去参与一项团队运动并取得好成绩，你的孩子们很可能有一天在这个国家优秀的大学体制中找到一席之地，然后拿着学位阔首挺进就业市场，并且得到一大把合同（如果幸运的话）。他们在这个世界上的地位相当确定。莱斯利的丈夫在德州长大，读休斯敦大学，在那里他和莱斯利相遇；他们都对母校充满热情，在脸谱网上更新了很多他们刚刚参加的橄榄球赛的内容（休斯敦大学队）。

但是，最近对于这个梦寐以求的事有了一个相当惊人的打击。在1997年，州议会通过了588法案，更为人所知的说法是“前百分之

① 夺旗橄榄球：橄榄球的变种球戏，比赛者须拔去持球者衣服上的一支旗才可停止比赛。

十规定”。法案基本上保证高中排名前百分之十的学生自动获得公立大学的录取。贫穷的黑人和西班牙裔意识到，他们的孩子将会和与他们同等地位的人的成绩相比较（而不是和那些父母可以在更好学区买房子的人相比），这个法案不仅得到了他们的支持，而且也得到了德州贫穷的乡下白人的支持。于是，该法案已经对像莱斯利这样的郊区家庭产生了耐人寻味的后果。德州农工大学、德克萨斯大学奥斯汀分校和休斯敦大学曾经从该州最好的公立学校，比如舒格兰德地区的学校，不按比例地挑选学生，但是如今这些机构必须按这些数字的规定招生。在莱斯利看来，前百分之十的毕业生都是虎妈的孩子。（非常凑巧的是，蔡美儿的新书《虎妈战歌》在我拜访前几个月已经出版。）

莱斯利告诉我：“在我女儿的中学，白人的比例不到50%。”——事实上，根据学校自己的统计数据白人占31%——“而华裔和印度裔占大多数”（53%）。“所以现在学业竞争十分激烈。在大学招生方面是个大问题。我女儿上完8年级，她会有两个高中学分。但是有的孩子会得到5、6个。”所以在高中毕业即将到来时莱斯利说，“她很幸运能排到班级的前四分之一。”

莱斯利做的区分似乎有点过于简单化，而且比起其他家长她对自我意识更不加掩饰。但是，她描述的是她的圈子里一种普遍的情绪。让孩子为这个网络化的、外包的、多元文化的世纪作好准备，其规则是全新的。她谈到去年她参加了学校第一周的家长开放日，当时她女儿刚上七年级。“所有的亚裔家长都举手，”她回忆说，“询问杜克大学计划。”莱斯利压根儿没听说过这个计划。“而且很多其他华裔和印度裔家长开始点头。但是，我根本一窍不通。我走出去说：'我压根不知道他们在说些什么。'"

后来她了解到，"杜克大学选材计划"是一项全国性的组织，计划之一就是邀请七年级学生参加SAT或者ACT①，这些考试通常是在11年级参加。如果一个孩子的分数超过了一定界值，那么他或她可能参加在东南地区和中西部举办的各种夏季和学年课程。莱斯利深知她的女儿是个聪明的孩子，完全符合要求。她"联系了学校相关人员并且咨询，'有什么好处？大学录取会看这个吗？'但是她得到的是极其含糊的答案。"他们的回复，"她说，"是'取决于你自己。'"这个项目不会出现在她女儿的成绩单上，也不会有一天帮助女儿进入杜克大学，虽然上面有杜克大学的名字。"所以我在一定程度上鼓励她，"莱斯利说，"但是我说参不参加由她决定。"

她女儿选择了不参加。"而事后看来，"莱斯利说，"我想我应该鼓励她去。但是我不太情愿。她的课外活动足够多了。她所有的课程级别都是pre-Ap②。我不想给她太多压力。"

虽然大部分人没有意识到这一点，但是玛格丽特·米德说过很多关于美国人教养的事情。她的观察结果发表在她的一本不太知名的作品《一位人类学家观察美国》中，这本书最初写于1942年。在今天看来这本书的部分内容有点过时。但是，书中有关我们养育孩子的方式和与孩子相关的焦虑就像上周刚刚写出来的。米德写这本书的时候恰巧是孩子们失去他们的传统角色，而现代受庇护的童年

---

① SAT和ACT：美国高考
② 美国高中每门课程一般都分四个等级：Academics，Honors，Pre-AP，AP，难度依次增加。

出现的时候，这并不是巧合。米德比几乎任何社会评论家都更好地也不带感情色彩地记录了发生在父母身上的事，父母对孩子的首要任务变成了培养他们。

作为一位人类学家，米德非常熟悉各种不同的家庭结构和育儿哲学。美国父母给她印象不同的是，他们不知道他们给孩子设定的特定目标是什么。如果你是一位英国贵族，你的目标就是把孩子培养成另一位贵族。如果你是印度种水稻的农民，你的目标就是把孩子培养成为同一片土地上的农民。如果你是巴厘岛的铁匠，你也会把儿子养育成铁匠。不管你是生活在旧世界的欧洲、发展中国家或是文字出现以前的社会，作为一个家长，你是遵循古老传统的监护人，而不是新惯例的发明者。“在其它社会，父母遵照自己的生活方式养育孩子，”她写道，“工作相当清楚。当你坐着，你就教孩子坐。”如果你是个笨拙的老师也并不要紧。“任何人的无知和拙劣”背后，她认为，“都蕴含着风俗习惯。”家长的工作只是去维护他们。

但是米德很快注意到，美国人是一个特例。他们没有古老的风俗习惯可以依据，他们没有养育孩子的“生活方式”可以遵照。美国的全部希望——其吸引力所在，其优势所在——就是她的公民不会墨守传统或是僵化的、不变的社会结构。每一代美国人过去——现在——都自由地创造以及重塑自我。儿子们女儿们与父亲们母亲们所做之事、做事方式以及地点都截然不同。“美国家长希望孩子离开，”她写道，**“在身体上远离，去另一个城市、另一个州；在职业上远离，拥有不同的职业，学习不同的技能；在社交上远离，如果可能的话与不同的人群交往。”**

在很多方面，这是一个无比美妙的事情。但是，父母们仅有几个准则可以指引他们的孩子。接着米德得出了符合逻辑的结论，美国人试图让他们的儿女准备好过一种与他们自己毫不相干的生活。米德使用“青出于蓝”这个词来描述美国父亲与儿子的关系——一个可爱词，甚至在今天技术更新生机勃勃的世界里引起了更多的共鸣——因为他准备让他的儿子超越他。“在很短的时间内，”她写道，“他们就会操纵家长不能理解的小伎俩，而且趾高气扬地说着毫无头绪的语言。”

米德指出，不确定性甚至让最聪明最能干的父母们变得脆弱。在美国，不确定性从他们的孩子出生那一刻开始。米德说，美国的新手父母愿意为他们的宝宝尝试几乎任何新时尚或是潮流。“我们发现新的教育流派、新的饮食流派、新的人际关系流派就像雨后春笋般涌现，全新的、未经试验的，就像早春的臭鼬卷心菜，”她写道。“我们发现严格受过教育的人会遵循自己的方式。”这就是为什么有一年亲密育儿法开始流行，三年后压倒一切。也解释了为什么让孩子哭到筋疲力尽的育儿方式风靡一时，之后就被认为是残忍的原因。也是为什么有机、家庭自制菜泥可以突然取代嘉宝罐头的原因，虽然食用嘉宝的一代生活得不错，甚至写了书、开了公司、成了科学诺贝尔奖得主。不确定性是父母们购买小小爱因斯坦产品的原因，虽然没有证据表明这些对改变孩子生活的认知轨迹有任何影响；同时也解释了为什么一个朋友——一个相当聪明和理智的男人——以最坦率的面容最善意的动机问我，为什么儿子出生的时候我不教我儿子手势语。(“因为我妈妈没有教我手势语，”我告诉他，“看！我挺聪明，我付税，其他也都不错。”）这就是为什么在任何书店你都能找到数以百计、数以千计的育儿指导书，其中的很多明显地互相矛盾。“没有民间智慧。”“在一些古老的静态的文化中，”米德写道，“人们能够发现一个行为标准——一个婴儿直到能走路才被以小孩来看待，或者一个小孩直到换牙或是学会撒胡椒，或是赶牛去牧场时才被判定为儿童……但是在美国，没有如此固定的标准——有的仅仅是婴儿。”

不确定性也解释了为什么学龄儿童的父母把他们的日程排满了各项活动，他们期望这些技能能够丰富生活并为未来作好准备。至于孩子，米德写道，“一个人能做的所有的事就是让自己强壮，并准备好奔向前程。”如何使得孩子们能够准备好奔向前程从未像现在这样不确定，但是教他们国际象棋以发展战略思维，给他们注册大学预修课程或鼓励他们参加运动以期能够学会团队合作、培养坚持不懈的精神和乐观的性格——这些看起来可能都有所帮助。我们不再培养孩子们做生意或是进入行业协会，亦或是干农活。正如明茨在《哈克的木筏》中写道的，自从第二次世界大战以来美国社会独特地认为“所有年轻人都应该走一条唯一的、统一的成年之路”——换句话说，从幼儿园到12年级的阶梯，随后去往大学，如果他们足够幸运就能成为中产阶级。这种单一的道路把所有的同辈人都转化成潜在的竞争对手，所有人都使用相同的指标来进行评估（SAT，GPA，AP[①]分数，课外活动）。在这种环境中，父母们唯一能做的就是在困境中增援他们的孩子，用曾经的方法同样坚持不懈地培养他们。正

①分别为美国高考、平均成绩点数、大学预修课程

如2006年诺拉·艾芙隆[①]所说，“教养不是简单地养大孩子，而是改变孩子，像填鸭一样强制喂食。”

当米德写《一位人类学家观察美国》时，美国是一个相当同化的国家。又过了23年，在1965年林登·约翰逊总统才签署了《移民与国籍法》使之成为法律，放宽了对亚洲、拉丁美洲和非洲移民的限制。但是一旦法案通过，我们就成了这个星球上最多样化的国家，而米德的观察采取了另外一个共振。随着经济全球化以及世界的边界开始消失，他们需要更多的意义。父母们不仅在为了生活训练他们的孩子，这种生活与他们自己的生活迥然不同，而且他们也疑惑是否应该为不同语言的生活而训练孩子。20世纪80年代，正是这种焦虑使得父母们鼓励孩子学习日语，也是这种焦虑驱使如今某些父母让孩子上汉语普通话课（并解释了为什么2007年在某儿童频道突然出现的《你好，凯兰》这个节目。）好像父母们正在试图让孩子为任何有可能的未来做准备，但并不确定让孩子为未来准备什么。

莱斯利直率地表达了这种焦虑。但是，我也听到其他的父母以不同方式进行表达。比如，明尼苏达州的“委员会”妈妈克丽茜，她给我列出了她四个孩子强大的课外活动时间表。一天在上完幼儿亲子课程后，我问她：她内在的育儿压力来自哪里？

“我认为它们来自不同的地方，”她告诉我，“但是最触动我的一个是汤姆·弗里德曼。”她指的是《纽约时报》的专栏作家，他经常写一些关于全球化的文章。我要补充的是，当时我们没有谈论任何

---

①诺拉·艾芙隆：美国著名的幽默作家和导演，她的电影作品包括《西雅图夜未眠》，《当哈利遇上莎莉》，《电子情书》等。

关于全球化的话题。“他的书《世界是平的》，”她继续说，“里面的观点表明中国家庭和印度家庭正在努力养育孩子，而这些孩子即将得到所有的工作。”她摇了摇头。“读完那本书我就焦虑了!”她孩子未来的工作轻而易举地被德里[①]的学生夺走了。

但是，她没有想过她的四个孩子有很多自然优势吗？我问她。他们是中产阶级美国白人，而他们就读于优秀的深受欢迎的圣保罗学校……

“我的确认为我的孩子有很多自然优势，”她告诉我。“但是，世界正在改变，而我们已经在生活中看到了众多的变化。只是你不知道这些变化会在十年还是十五年内发生。”

正如米德所说，克丽茜没有民俗的安全感来指导她的育儿。

全球化的优化后遗症

有些东西会让我们的孩子领先，这种信念是个人化的，也确实是基于理性的推测和个人经验的结合。例如，莱斯利也许认为她所强调的运动对于大学的录取比几何有用。但并不是所有的父母都那样认为。虎妈们相信形状和和公式相当重要。

一个夏末的下午，在休斯敦另一个近郊住宅区密苏里城，我清楚地认识到这一点。当时我和史蒂夫·布朗坐在当地的一个公园里。密苏里城和舒格兰德稍有不同：这里有更多的非洲裔美国人（42%），并且不是非常地富有（尽管仍然很富裕）。但是，至少在社区层面，

① 德里：印度首都

密苏里城和舒格兰德相似之处就是对运动的狂热。特别是，史蒂夫是真正的体育迷。我们在这里看他七岁的儿子踢足球。

“你们今天做对抗练习了吗？”史蒂夫在安装两个网布座椅时问。史蒂夫和他妻子都是黑人，而且都是南方人。他们住的社区很不错，但是比莱斯利家的小区更便宜，这里的每幢房子大概15万美元。尽管如此，这个独有的公园运动场还是比我想象的维护得更好。

“没有，”他儿子说。“星期六。”他走向运动场。我们把座位搬到树荫下。

我问史蒂夫踢足球是他的主意还是他儿子的。

“这是……家庭的决定，”他说。他英俊潇洒、风度翩翩、热情有度；他的肩膀紧绷，在看儿子踢球时甚至更紧张。“知道吗，我小时候参加过各种不同的运动。我没有做我想做的事”——网球——“直到高中才开始。”他仍像个运动健将，从头到脚都穿着白色网球装。“所以我想让儿子参加各种活动。在这个年龄他可以打橄榄球。我们就让他参加夏令营，就是去感受一下。但是在这些运动中足球的技能是可以通用的。”

史蒂夫喜欢谈他的原生家庭及成长过程，“运动最重要。”网球奖学金供他完成大学教育；篮球奖学金让他能替父亲供养家庭。

史蒂夫的儿子跑下场来大口喝水。“人都哪去了？”史蒂夫看着空了一半儿的球场问他。

“我不知道。”他儿子跑了回去。

然而，我知道史蒂夫的儿子一些别的事情：他不一定是那种竞技型的孩子，而且史蒂夫的妻子莫尼可也这么告诉我。所以我问史蒂夫：如果他的儿子想成为他自己喜欢的那种人他会怎么样?

他笑了。“也许他会那么想。”他说。“但是至少十岁左右他会听我的。”然后他解释说。“我哥哥并不是真的想从事体育运动。我们相差十二岁。而且我爸爸没有强迫他，他并没有像指导我一样指导他。”他的话中带着一种敏感和谨慎。“我不知道不被强迫如何影响了他的个性发展。但是我们的确是两种不同的人，我和我哥哥。”

史蒂夫的哥哥的确过得不错。但是史蒂夫——人们更熟悉史蒂夫。如果他说他在大学致力于竞技体育给他的生活带来了优势，你很难和他争辩。他在休斯敦有自己的公共事务公司（事实上，他曾为“前10%规定”游说），而且他是本德堡县民主党主席。当我第一次和他接触时，我并不知道他在这个社区有如此显赫的地位。我是通过帕默小学的家长组织找到他的，这是这个地区最多样化的组织之一；他的妻子莫尼可和这一章的其他几位家长都在其中。非常凑巧他是本地的名人。

所以，在他看来运动和成功是互相交融的。

“嗯，”他说。“你有成功的意愿，而大多数人没有感觉到。我想你可以把这些带到现实生活中，就是一个强大的意志和愿望，还有抱负。”

他又朝运动场张望。“人都哪去了？”他又说。

“所以暂时我们将继续这样做，”他说话时眼睛密切地关注着他儿子。“运动给他条理性，教他纪律和团队合作——一些能够转化为现实生活。确保他有基础。他可能不想竞争，那也会好起来的。不过，我认为运动仍然是我们生活的一部分。”

这样他和他儿子仍然会有共同点吗？或者他儿子能有更好的机会赢得大学奖学金吗？

“嗯，运动奖学金不是原因，”史蒂夫笑着说。“那是它的一部分。”他沉思了一会。“那是它的一部分，”他突然更加清醒地说。“在我的家庭中我和哥哥是竞争对手。就是我们如何提升自己。”

然后他表明了一个观点，对此我并不期待，但也许应该期待。“我确实认为足球会成为下一代的骄傲，”史蒂夫说。“所以它会成为一项可以作为特长的不错的运动。比我小时候要好。”

这就是全球化的时代，换句话说，足球是世界上最热门的运动。所以，如果你是运动方面的虎妈——对此史蒂夫欣然承认他就是——而如果你想让孩子在这个变化的时代更有竞争力——对此史蒂夫肯定想——那么就让孩子踢足球吧。

经常会有这样的假定，协作培养是最自恋的家长的职责。在某些情况下的确是这样。（因此，有了“奖杯儿童”这个术语，它成了教养词典里的新成员。）我们所有人都遇到过这样的家长，他们虚伪谦虚地抱怨他们的孩子过度完美。但是，也有更宽容的方法可以解释这种疯狂地想把孩子培养成中产阶级的行为。你可以简单地说，这是一个合理的恐惧反应，对于正在萎缩的经济馅饼一个合理的、深刻的、内在化反应。

1974年当我父母买下他们的第一幢房子时，他们花费了大概7万6千美元。他们在我的祖父外祖父的帮助下付清了首付。即使算上通货膨胀的影响，这些钱在今天看来仍是小钱。如今买同样的房子扣除通货膨胀的影响将花费三倍的金额，而且令人疑惑的是，我的祖父外祖父的职业——一位是布鲁克林医院的院务主任，一位是皇后区的电影院放映员（如果画面和音量不符合顾客喜好的话，他们会对着他大喊“清楚点！”和“大点声！”）——能够为相同的事出力。（而且我应该补充一下，他们负担的几乎一样多。）今天的美元弹性不大，而且中产阶级家庭没有这么多存款备用。据统计2007年一个家庭的债务超过了其可支配收入的40%。

在《完美的疯狂》中，朱迪斯·华纳详细推演了中产阶级经济衰退的细节：虽然现在美国家庭的价值创纪录地超过了5百万美元，但是自从20世纪70年代以来中等收入家庭的调整后工资没有丝毫改变；家庭平均贷款在家庭收入中的比例越来越大；而且现在高额的医疗费用令人难以想象（根据白宫中产阶级特别小组的统计相当于一个家庭收入的9%）。在过去的几十年中男人们的潜在收入尤其遭到了令人丧气的挫折。1980年至2009年间，接受过高等教育、年龄在35岁到40岁之间的男人（至少在理论上是黄金工作年龄），他们的工资上涨不到生产率的一半。而且事实证明，女人为了成为母亲支付了一大笔经济代价：雪莱·科雷尔是斯坦福大学的社会学家，根据她对劳动力的性别不平等的研究，如今对于具有同等资质的母亲和没有孩子的女性，她们之间的工资差距远远大于一般女性和男性之间的工资差距。

但是，对于今天的父母也许最可怕的数字来自于美国农业部，其估算对于一个中产阶级家庭，养育一个2010年出生的孩子的费用将高达29万5560美元。如果对于一个高收入家庭，这个数字是49万0830美元；如果是低收入家庭，就是21万2370美元。这些标价不包括大学学费，学费的上涨率远远超过通货膨胀。2010年，四年制私立大学的平均学费是每年3万2600美元，公立大学为近1万6000美元。

在这些困窘的条件下，今天的中产阶级对孩子的考虑，对他们长大时将无人问津的担心就不足为奇了。任何善意的父母都会尽其所能保证孩子的优势，从而有更美好的未来。

具有讽刺意味的是，这种恐慌在中产阶级家庭中以最夸张的方式蔓延着——中上阶级好像最害怕这些经济变化，最恐惧失去他们的特权。道尔顿·康利在《在美国别处》一书中引用了经济学家彼得·库恩和福尔南多·洛扎诺的作品，他在2005年的一篇论文中指出，现在我们正处于一个非同寻常的经济接轨时期：美国的劳动力中，工资最高的人的工作时间远远超过那些工资低的人（明确地说是前20%和后20%）。而20世纪的情况正好相反。而且这些经济学家推断这并不是为了鼓励他们长时间工作给予的货币奖励；更可能的是他们希望在不确定的工作氛围中表现自己，而且如此做可以在不安全的时代给工作安全加上一个额外的评价。如果不加班的话，机会成本太大。

安妮特·拉鲁和她的同事指出，有一种教养方式和这个现象类似。他们发现，上过大学的妈妈让她们的孩子加入更有组织的活动——而部分原因与那些高薪的人长时间工作的原因相似。这些妈妈们也相信不给他们的孩子报名参加大量的课外活动的机会成本太大。这是任何军备竞赛中不确定的心理状态：参与者不想参与，但是在他们眼中不参与就等同于落后。

无可指责的妈妈

“你给我带太阳镜了吗？”13岁的本杰明·守一边问一边打开车后门。现在是下午2：45，他的学校刚刚放学。他把背包扔进旁边的空座上。

他妈妈张兰用中文回答。她和本总是说中文。但是由于我在场所以她转而说起英文。“你想来点什么？水果？水？佳得乐？”

“不要，”本说。“我要滑多长时间？”

“两个小时。”

“什么？”他皱着眉头。他不是那种总是愁眉苦脸的孩子。他总是自信、乐观、满面笑容。他是我和她妈妈这次会面的协调员，虽然他的妈妈英文相当好。“我有很多功课，”他说。“我明天有数学测验。”

兰礼貌地微笑着（她穿着牛仔裤，没带首饰，手腕上戴着发圈），通过后视镜惊讶地看着儿子。“什么？不是星期五吗？”

“不是。是明天。而且还有单词测验。”

“那么今天你需要多少时间做作业？”

“三个小时。”

现在轮到她皱眉了。

“你想睡一小会儿吗？你有25分钟。”那是去舒格兰德运动中心的路程。

本摇了摇头。

“还有什么。学校有什么新鲜事？”

“有。我有很多作业！”本咧着嘴笑着。

"你都告诉我三次了！也许你可以和教练谈谈。"然后她也在后视镜里朝儿子笑了笑。"可怜的本。每个人都逼迫你。"

如果一个人倾向于用刻板印象看待他人，从所有的外在方面看来本都是不可匹敌的虎妈的教育成果。他在休斯顿的名校上到六年级；如今他就读于圣约翰中学，这是这个城市最古老的私立学校。他从六岁开始学习花样滑冰，如今一周训练六天，两次在舒格兰德；12岁时他参加了2011年美国全国青少年花样滑冰锦标赛，并排名第14。每周二晚上他参加男童军。周日他上钢琴课，为此每天他练半个小时钢琴。他的学习成绩很好。一位不屈不挠的虎妈怎么能在这些活动中甘拜下风呢？

本的妈妈兰的确是不屈不挠的。但是，她也明确表露出不同于这种养育方式（或者任何相关主题）的一些细微差别。兰的影响是极其温和的。她有焦虑，但不是那种导致侵害的焦虑；它更接近于矛盾和脆弱。本的很多努力并不是她的主意。在一个圣诞节，他在附近的商场看到有人滑冰他就对滑冰着了迷。看到邻居的孩子弹钢琴他就对钢琴产生了浓厚的兴趣。

而且兰没有为了分数把本送进公文学校，这是一种课后补习班，首次出现在50年代的日本，现在光是在休斯顿就有好儿十个这样的中心。本四年级时她试了一次，但是他不喜欢，而且她也不想强迫他。"诚实地说，"在她说话的时候，我们正坐在滑冰场上面的走廊里看本滑冰。"我不喜欢公文学校。我来自中国，那里有非常严格的制度。我不喜欢。我希望本能够像一个正常的孩子一样成长。"

实际上，像莱斯利的女儿一样现在本的数学还差一个级别就是最高级，而他的很多朋友还差两个级别。对兰来说，这就足够了。优秀还不够，超级优秀已经成为了新的标准，这种理念也给她带来了很多烦恼。她说她很害怕每次听到朋友或是别的父母比较标准化考试的成绩。“我不想让本听到那些，”她说。“我只想让他知道如果他想拥有，那么他就得努力。但是我不想强迫他。”

她读过蔡美儿的《虎妈战歌》吗？

“就读过几章，”兰说。“那是文学化的。从我的经验来看，即使妈妈们像“虎妈”一样，她们也不会承认自己是“虎妈”。“

但是，兰有一点和虎妈一样，她为孩子放弃了很多。你难以想象她的生活轨迹：她来自中国一个著名的艺术和知识分子家庭，而且她从小坚信要表达自己。她师从父亲学习小提琴，在8岁时就开始发表诗歌和文章。从北京师范大学毕业后，她在中国做了一名记者兼编辑。在美国安德森癌症中心邀请她的丈夫姜来做博士后研究时，她才来到美国。

在这里，她为中文报纸工作过。但就在那时她有了本，一切都改变了。她呆在家把他带到4岁，当孩子上了幼儿园她觉得记者的生活不适合她，因为这个职业需要占用很多晚上的时间。因此，她学习了生物相关的课程。现在她在德州儿童医院工作，在那里进行基因治疗的研究工作。

兰发现这份工作非常有挑战。但那并不是她的最爱。她还是最爱写作。写作的工作能给她紧凑的时间，这样晚上她可以和孩子一起回家。每天早上，她开车带孩子上学。周末，她和丈夫开车带孩子上钢琴课。周末她也开车带本去滑冰场。平时，她有时一大早在上学之前带他去不同的冰场。周末和周二晚上他还有童军活动。

我提到她必须在车上花费大量的时间。

“这真是可怕，”她说。“如果我们住在舒格兰德就会简单得多，但是那样的话每天开车上班就太远了。”她若有所思地看着冰场。“如果有一天他告诉我‘我不想滑冰，我不想打篮球。’那会怎么样？我知道别的孩子会这样做。对于孩子。任何事情都有可能发生。”

这似乎不可能。这个夏天本在科罗拉多斯普林斯呆了七周，每天在一个巨大的滑冰场从早上六点训练到晚上六点。然后训练结束回到家，在他父亲的坚持下学习在线数学课程。兰去了五周，为了这她花了两年的休假。本的父亲也去了三周。他们住在两英里以外的一所公寓里。

我说，她可以告诉本他“不可以”放弃。

“我不会那么做，”她说。“我告诉他，‘如果你喜欢，我可以花费时间、金钱和精力来支持你，你只需要尽力就好。’”

但是在某种程度上，这些开销——时间、金钱和精力——对兰来说都是其次。她说最可怕的是她对儿子生活的所有感情投入。

“父母希望自己的孩子完美，”她说。“但是他们不是完美的，比如滑冰。”她指着本。本正在参加一个我所知道的非常好的项目。“看到他刚才的一跳了吗？”我看到了。不可能看不到。“那是两个前外一周半跳，”她说。“但是他仍旧不能保持顺畅。如果他完美落地他会很高兴，但如果不能他就很伤心。而我也觉得伤心。很难控制自己的情绪。”

在冰场上，一个梳着长马尾辫子的女人手背在身后开始跟在本后面滑。兰解释说她是他的教练香农。我们看了一会儿。本确实很出色。“他对滑冰很着迷，”兰说，显然她在思考这件事。最后，她终于允许自己放松一下，脸上显现出愉快和骄傲的神情。“真不敢相信这是我的孩子。”

“你认为你有自己的逻辑时‘哦，滑冰就是滑冰。孩子们喜欢滑冰，’”她说。“但是在比赛之前，这可不是只有乐趣。而且你不是旁观者，你是局内人。”

她再次盯着冰场。“我的生活有三个部分，”她说。“一个是工作。一个是本杰明。而另外一个是十点钟后的写作和编辑。但是有时我太累了。”

如果她有更多自己的时间，她会继续写作吗?

“会的，”她说。“我有很多书想写。”她已经在中国出版了两个合集的文章。“但是我应该三本一起出版。这是一个系列。我完成不了是因为我没有时间。”

我问她本是否读过她的书。她摇了摇头。即使本想读她的书——如果有孩子愿意那样做的话，本就是那样的孩子——他也不能读。兰不像圈子里的其他父母，她从来没让她的儿子努力学过中文。

在第二章中，我讨论了母亲是如何承担育儿任务的大多数责任。这种不平衡的时间远远超出了养育学步儿的年龄段。在2008年，拉鲁和她的同事艾略特·魏宁格分析了两组不同的数据集，每组都包含小学学龄儿童的家庭。他们认为“与父亲相比，母亲与孩子有组织的活动更为密切”——让他们惊讶的事实却是，孩子们的课后活动大部分都是运动。（他们假设的一个原因是“父亲可能作为教练只参与一项活动，而母亲参与其余的。”）在他们的样本里，妈妈们继续承担着日程安排员、物流协调员以及家里唠叨员的角色，就像她们早些年一样。妈妈们也是继续焦急并承担心理负担的人。

“是妈妈给孩子报名参加活动，想办法带孩子上课，提醒她练习乐器，给独奏会准备衣服或者礼服，以及安排下个周日去哪儿玩。”

也许更重要的是，拉鲁和魏宁格的研究发现“至少一些上班的母亲面临着一种时间上的权衡，即专注于工作时间和专注于孩子的课后时间”——这也解释了为什么像兰这样的女人放弃了记者的职业生涯而到实验室工作，这样可以有更弹性的工作时间。不幸的是，有组织的活动时间可不弹性（童军活动只在周二晚上），而且也不总那么可以预测（“嘿，你赢了地区赛？那么这个周末你们开车去哪？”）。作者们把排满课外活动的一周称之为“压力点，”或者叫不可协商的时间，这些都不成比例地落到母亲们身上。“她们的时间使用模式，”她们写道，“比她们丈夫的更加狂热。”

这些时间利用模式正处于我们文化中的拐点。一方面，认为自己的责任就是养家糊口的男人数量大幅下降：在1980年到2000年之间，这一数字从54%下降到30%。另一方面，认为父母中应该有一个呆在家里照顾孩子的美国人的数量大大上升：1989到2002年间，这一数字从33%攀升到41%。

换句话说，我们对家长的期待似乎增多了，正如我们对女人进入职场的态度放宽了一样。

从表面上看，这些不同的趋势似乎互相矛盾。但是他们也是互相关联的。女性遍布职场及其导致要安排外人照顾孩子，从文化的根源来看我们有可能对此更加矛盾——比起我们愿意承认的。

历史确实如此。过去，就在女人获得了一定程度的教育或者独立时，钟摆就经常猛烈地向后摆动，同时文化突然出现大量明确的信息，指出女人应该坐回到壁炉旁。这些年大量的书籍也提出了这种观点，但是莎朗·海斯1996年出版的《母亲的文化矛盾》一书仍然是我最信服的书籍之一。在她看来，无论何时自由市场威胁到家庭的神圣，女人们都会对做“密集型母亲”感到更大的压力。即使最有诚意的育儿专家都会让他们的女性读者有这样的感受。她在书中提到她那个时代的畅销书作家T·贝瑞·布雷泽尔顿，这位作家在他的《工作和照顾》一书中写道，“在职场中，女人……必须高效。但是，对于她的孩子们来说高效的女人可能是最糟糕的母亲。对于一个家庭，女人必须是灵活、温暖和贴心的。”今天人们对亲密育儿刚刚建立起热情，此时读到这个例子似乎有些古怪，虽然它在很多方面非常有吸引力，但是母亲需要一个强大的时间库。理论上看，在孩子三岁之前这位母亲是不允许离开她的孩子的。对于需要两份收入的家庭，这种安排很难实现，而且对于时间有不同优先级安排的女人来说也不切实际。

以上是关于女人的独立与呼吁更细心的育儿之间持久联系的最近的两个例子。安·赫伯特在2003年出版的《养育美国》一书中做了一个关于21世纪育儿实践的调查，其中发现很多早先的例子。在20世纪越来越多的女人接受了高等教育，育儿专家们宣称高等教育为母亲的角色做好了充分的准备，因为孩子是永远让人感兴趣的研究主题，因此是无限值得研究的教养主题。在20世纪20年代，就在女人们剪短头发、践行她们新获得的选举权的同时，研究者们也在督促母亲们重返家庭、更加重视儿童发展的新兴领域。（下面一段话来自《纽约时报》1925年的一篇文章：通过某种奇怪的宇宙炼金术，如今经济和社会力量让人们对于做家长提起了新的兴趣，这种力量曾经打破了传统的家庭模式，把女人同男人一样送进商业和娱乐领域，扰乱了人的礼仪和举止。"）甚至十分有趣的是，这一年"父母"这个词第一次作为动词出现了：在1970年，在这个分水岭上，女人们脱掉围裙、服用避孕药、努力争取平等权利修正案，"父母"这个词变成了一个主动动词，指一个人可以整天做事。

但是，也许这一现象最明显的例子是艾森豪威尔时代，贝蒂·弗里丹第二波女权主义里程碑式的《女性的奥秘》就是在这一社会背景下于1963年出版的。第二次世界大战被证明是一次女性的成熟发展期：由于显而易见的原因她们晚婚，承担了国内由男人们长期从事的工作（最著名的是劳动密集型企业工人）；她们也作为前线护士和女兵冲锋陷阵。但是在五十年代有一个回缩。虽然女性继续工作，她们却没有十年前那些职场女性一样的抱负。1950年女性首次结婚的平均年龄下降到20岁，"这是这个国家历史上最小的年龄"，弗里丹写道，"是西方世界的任何一个国家最小的结婚年龄，几乎和过去所谓的不发达国家的年龄一样。"

令人高兴的是，弗里丹在《女性的奥秘》中提到的很多问题在今天已经过时。但是那并不意味着今天我们没有新的反对女性的运动。只不过形式不同而已。

回到50年代，女人对于保持一个完美无暇的房子感到巨大的压力。如果女人不出去工作她们在人口普查表格上就会这样填写："职业：家庭主妇"，这是弗里丹书中一个主题。同样，女人对于做个好妈妈也倍感压力。但是，这一切的象征以及她们努力的目的都是为了家庭。晚餐必须美味可口并准时开始；床要整洁；地板要光彩照人。对这些事情一心一意的追求会经常让女人感到空虚、没有成就感，弗里丹把这种空虚称为"没有名分的问题"。照顾好家庭是女人的工作，并且如果她发现这不值得一做，那么她只是不得不把这个棱镜再转30度看一下她已经犯下的错误：这是一项重要的工作，她必须承担。麦迪逊大道的广告是这么告诉她的。弗里丹的书中最有启示意义的部分之一是她从咨询者那得到的内部研究资料，她从中提取并集结成书。

作为家庭清洁工的主妇提高自己声望的方法之一就是，对专门的任务使用专门的产品……使用一种产品洗衣服，第二种产品洗碗，第三种产品刷墙，第四种产品擦地，第五种产品擦百叶窗等等。她不是全能清洁工，她感觉自己更像是一个工程师、一位专家，而非干粗活的劳力。

这就是广告对这种没有名分的问题的解决方式。如果女人感到不安，或者在他们的教育下喜欢她们自己的工作，答案就是反驳说他们的工作确实需要受过教育的人——女人是家里的科学家。

如今女人们已经摒弃了家政学的形式，她们花在家政事务上的时间几乎是弗里丹时代的一半（精确地说每周17.5小时，而1965年将近32个小时）。但是在另一种角度上她们已经成为家政专家：她们现在是育儿专家，她们花费了比其母亲们更多的时间和孩子们在一起。明尼苏达州的一位母亲为我阐明了这一转变。她说她的母亲把她称为“家庭主妇”。但是她自称“全职妈妈”。这一术语的变化反映了文化重心的转变：女性的压力已经从保持一个完美的房子转变为一个无可指责的妈妈。

今天的市场仍然希望能够吸引女人的专业本能，为母亲们提供不同分类的婴儿产品，就像60年前为家庭主妇们提供的清洁产品一样。早在50年代，女人们被告知要掌握烤箱清洁剂、地板蜡和特殊的木材喷剂之间的区别；今天，女人们被告知要掌握不同玩具之间的差异，有的是用来促进“俯卧时间”的，或者“启发想象力的游戏”，这是发展婴儿的大动作或者精细动作的玩具。这种语言上的细微变化表明，和儿童玩耍不是真的玩而是一种工作，就像过去保持完美无暇的房子一样。今天的“买买婴儿”相当于20世纪50年代的超市货架，书店里一架架的育儿指南就像是现在《家政》杂志，给女人们提供了成为育儿博士的可能性。

与他们的时代相匹配的是对不同标准的叛逆反应。20世纪60年代末和70年代，女人们对做完美的家庭主妇奋起反抗。苏·考夫曼1967年的《疯狂主妇日记》一书出人意料的热卖；1973年《飞翔的恐惧》一书中的观点是：“一个好女人本应该把生命献给照料和满足丈夫的疯狂。我不是个好女人。”但是今天典型的反叛故事不是关于成为一个坏妻子。而是“成为一个坏母亲”——事实上这正是在2009年出版的一本书的标题。

因为“密集型母亲”仍有其存在的必要性，所以这些渎职母亲的故事抓住了我们的想象力，也驱使母亲们以各种方式寻求道德保障。例如，海斯注意到当全职妈妈坦白她们做出选择时的矛盾情绪时，无论何时她们都会为她们的决定辩解说：全职在家对孩子来说最好。但是，当工作的妈妈坦白她们做出的选择时，无论何时她们都会众口一词地说：外出工作对孩子最好。海斯写道，“在谈及孩子让人头疼以及工作更令人愉快方面，绝大多数工作的母亲不置可否。”反而，她说她们认为她们正在给孩子的课外活动提供额外的收入。或者她们正在示范工作道德伦理，或者工作让她们更专注于做家长并提高了其与孩子共处的质量。每一次，她们都用孩子身上的效果来证实她们的答案。

无可指责的单身妈妈

“她可能想穿这件，也可能不想穿，”辛迪·艾凡赫一边说一边在杰西潘尼服装商场的衣架上拉下一条裙子。“萨？萨拉？萨丽塔？”

她的女儿可爱又富有艺术气质。她从阅读中抬起头，皱着鼻子。

“我可以给你的脸注射肉毒杆菌素。”辛迪说。她是位医生，她的专业是脑损伤而不是整形外科，所以她这么说话的确有点好笑。辛迪在休斯敦的赫尔曼纪念医院工作过很长一段时间，帮助设计一项康复计划。在2011年的一次枪击事件中，国会女议员嘉贝丽·吉佛斯遭到了持续的严重伤害，这项计划的目的是使其最终能够康复。几年前，辛迪转职开私人诊所，但是她仍然写作并在贝勒医学院任教。

萨拉选了一件黑白相间有点叛逆的裙子。“哦，不”妈妈说：“你才十二岁。”她女儿要去参加一个犹太女孩的成人仪式。

辛迪转向我。“我想疲劳是最困难的部分，”她说。“因为你不能成为你想成为的人。如果我不工作会有帮助，但另一方面，如果我不工作我就会疯掉。工作成了我的休息时间，同时也让我厌恶——”

萨拉展示着她的看起来像裙子的东西，但是很难确定到底是不是。

辛迪盯着看：“不，那看起来像灯笼裤。”

“我有配它的衬衫。”

“你有衬衫。但是……噢。”她叹着气。

她平常什么样子，我问，如果辛不累的话？

“晚上当我检查作业时我就不会那么暴躁，”她说。“或者听她说成人仪式的事，或者想办法让一个少年”——她的意思是她儿子——“谈点他真正的感受，因为他总是抑制自己的压力。我本可以有更多的时间做这个，但是我得负起全部的责任。”辛迪和她丈夫在2006年离婚。他不住在休斯敦了。

辛迪挑了一件飘逸的六十年代款式的夏季长裙：“你要是喜欢这个我就把它裁短。”

萨拉举着她的灯笼裤回答：“诚实地说，我更想要这件。”她微笑着，没有傲慢。

辛迪点点头：“好吧。”我们走进试衣间，在公共区域坐下来。萨拉消失在试衣间的一个帘子后面。“我花了很多年结束工作回家，”辛迪继续说。“部分是由于孩子们使得我这样做。但是因为其他的压力——财务以及其他——我仍然……”她没有把话说完，但是隐含的意思就是：疲倦。

萨拉犹豫不决地走出试衣间，展示着裙子。（“不。”……“不。”……“也许。”……“可爱。”……“太短。”……“几周你就长大穿不上了。”）

“而且我有点焦虑，”辛迪说，“他们对我的记忆——将会是怎样的？‘妈妈总是能够掌控工作。妈妈总是按时付款。’或者别的什么。‘妈妈总是一直在想办法。’”

然后萨拉跳了出来，这次她的脸上并无嘲讽之意。原因显而易见：她看起来棒极了。更有趣的是她把这条裙子看成一个笑料。这是“沙沙声,”，就像她说的这是一件传统绸料货。她用来自娱自乐。现在她让我们赞叹不已。

辛迪眉开眼笑。“我来给你系上肩带。”她摆弄着：“你觉得漂亮吗？”

萨拉点点头，仍然惊讶着。

“转过来。”辛迪欣赏着：“这个周六的晚会你想穿它吗？”

“当然。”

萨拉转动脚跟儿阔步走进更衣室。辛迪的眼睛跟随着她。“你知道，你把孩子带到这个世界。你爱他们，你可以为他们牺牲。”她摇着头说，“我只希望我能多休息一会儿。”

关于幸福和育儿的研究相当复杂，而且经常问题百出。但是不管他们怎么做——不管研究人员使用什么方法，采集什么数据，或者他们试图把心灵或灵魂转化成什么样的数字——单身母亲做得都不好。

究其原因，最有可能的就是经济上的。单身母亲不仅包括离婚女性也包括未婚女性。一般来说，未婚妈妈也不曾上过大学，所以经济视野相当短视：她们的收入不到双亲家庭收入的四分之一，她们的健康问题更多，而且社会关系更少。未婚女性会影响任何评价孕产妇幸福指数的调查结果，其原因也是鉴于上述残酷的事实。

辛迪的例子不同。她离婚，不是未婚。她收入不错，住着一幢很好的房子，而且有一个忠诚的朋友圈。但是她的中产阶级舒适生活显示：比起她的已婚朋友，离婚的母亲也仍然更加艰辛。事实是她们更可能接受子女抚养费。但是平均而言，他们的收入仍然只有双亲家庭的一半儿。（辛迪现在也面临着一些棘手的财务问题，就在房地产市场崩溃之前，她刚刚签署了一个新的医疗办公室的租赁协议）因为与他们的父亲相比，孩子在母亲的家里生活的时间更长，单身母亲承担着离婚后使孩子放松的主要的情感工作——阿莉·霍克希尔德[①]把这个特殊的变量称之为“第三次转移”，母亲是家庭指定的共情的人。而且中产阶级单身母亲与已婚母亲担负着同样繁重的育儿压力，但是他们育儿的时间及其弹性更少。苏珊·比安希灵活地处理了来自美国人时间使用调查中的数据，她在最近的一篇论文中指出：单身父母和已婚父母同样需要自己的时间，但是只有一半人的这些需求能够得到满足。”

《美国家庭生活的变化节奏》是比安希与人合著的一个关于家庭时间使用的数据纲要，它用数字讲述了这种情况。与已婚的同龄人（特别是已婚父亲）相比，单身母亲自己的时间太少，而且“多数时间”都有多个任务。他们每星期的社交活动比起已婚同伴少四个半小时，吃饭时间少一个半小时。“我有时会和朋友们喝一杯，”辛迪告诉我。“我很少很少去看电影。但是我总是期待去。”

这些时间的问题迅速转换为压力问题，并蔓延到生活的其他方

① 阿莉·霍克希尔德：美国社会学家，著有《第二次转移》等，揭示了女人和男人工作负担的不平衡。

面。“今年夏天我和相识的某个人出去，”当我们在试衣间坐着的时候辛迪告诉我，“我对他说，‘你知道开学的时候你就得抽身而出。无论我现在多自由，九月或八月末来临时全部都会消失。”

几分钟后，她收到了儿子的一个短信，他的膝盖一直困扰着他——他在学校跑越野。“回家的路上你可以买些冰吗？”她从手机上抬起头凝视远处。“就像我已经告诉很多朋友们的，我不能约会自己，”她说：“就像现在这样，‘对不起，我得去买冰块了。’”我们一离开服装商场她就跑着买冰块去了。还有谁能承担这个任务呢？然后，她回家，小心翼翼地给儿子敷膝盖。

男人的工作永远做不完

不只是女人们正在经历做完美妈妈的过度压力（正如朱迪斯·华纳在《完美的疯狂》中把它称之为“妈妈的奥秘”）。男人也在经受这些压力；家庭和工作研究会在2011年的一份同名报告中把其称之为“新男性奥秘”。基于一个庞大的全国性的美国劳动力样本，这个组织发现，如今有孩子的男性比其同辈工作时间长（每周47小时比44小时），但是最让人震惊的是报告发现的工作与家庭的冲突：今天男人比女人更容易面临这种冲突，特别是如果他们是双职工家庭。

毫不奇怪，男人有这样的感受部分是由于现代经济的不确定性、僵硬以及过度。在这个研究中，男人对于失业的焦虑远远大于家庭和工作研究会的上一个调查数据。1977年，84%的男性受访者认为自己工作稳定；2008年这个数字下降到70%，而这还是在经济衰退之前的调查。如今，劳动者也不得不通过科技条件的便利随时把例行公事带回家庭：41%的样本每周最少一次在非工作时间接收办公信息。2008年与1977年相比，更多的人同意这样的说法“我不得不非常努力”（88%：65%）。更多的人也同意“在工作中，我必须加快速度”（73%：52%）。

艾伦·盖林斯基是这份报告的作者之一，也是家庭和工作研究会的头儿，她怀疑今天的父亲们也正在经历文化重点的转变及内部重点的转变。“他们不想成为孩子生活的简笔画。”她告诉我。

当史蒂夫·布朗坐在足球场边上看着他的儿子踢球时，没有人比他更能生动地说明这一点。他的电话是个嗡嗡震动的弹子机，整个练球的过程中他都在刷邮件。（他抱歉地说“这个时间通常是“黑莓[①]”时间。）在某种程度上，我问他做父母最困难的部分是什么。“找时间去做你想做的事，”他立即回答：“平衡工作和生活，现在甚至平衡社区。有时是平衡所有这三件事。”社区，因为如果史蒂夫选择的话，他可以一周五个晚上都参加募捐者及政治活动。“对我们来说这真是得好好思考一下的挑战，”他说：“比如，哪一周我可以担任组织者？哪些天我得回家？以及莫妮卡哪天需要外出？我必须挑选和抉择。”

史蒂夫的工作比大多数男人更有弹性。他有自己的商店，可以自己安排时间；如果不能把工作都压缩到平时，他也可以在周末完成。但情况是史蒂夫不想在周末工作。他想去足球场，因为现在是比赛季，而且他的大儿子踢得不错。但是那意味着为了家庭的稳定

① 指黑莓手机。

没法追求更大的政治抱负。“现在去华盛顿特区或者奥斯汀[①]不是个好时机，”他告诉我：“在某一时刻我们会做出决定，但是要等孩子们再长大一点。”

上一代的男人从未思考过这一点，有些男人仍然没有。出于进步的本能，史蒂夫欣然承认莫妮卡仍然担负着家庭的大多数事务。她也承担着大多数照顾孩子的职责，虽然他最喜欢的玩笑之一就是面无表情地宣布，“我是主要看护者，”那只是为了看看莫妮卡的反应。她做饭，虽然他也做。她给男孩们洗澡并给他们准备第二天的穿戴，虽然有时他也做。莫妮卡是休斯敦市中心的一位社会工作者。那天晚上晚些时候，我和莫妮卡说话时她给我讲了幼儿亲子课那位叫肯亚的妈妈告诉过我的同样的事：“我一天中最紧张的部分是从5点下班到10点钟。”

在过去的一年中，男孩们在巴吞鲁日[②]她父母那花了两周时间参加网球夏令营。“我们每天工作到很晚，不外出，”她说：“我们开了从未开过的会，做从未做过的差事。”

我问她自从有了孩子她的职业生涯如何改变的。“我曾经做过有关孩子的工作，”她说：“那需要大量的晚上时间。现在我不能再做了。但是我喜欢那份工作。”

她看着她的孩子们，这个时候孩子们就像在房子周围乱扑的飞蛾。“有时我真希望在他们的屁股上粘上胶水。”她开始笑起来：“管理他们两个是管理一个孩子四倍的工作量。”

① 德克萨斯州首府
② 美国路易斯安那州首府

“我不同意，”史蒂夫说，他在厨房的角落里正一边小心翼翼地吃着外卖一边看着美国网球公开赛：“我觉得是两倍。”

莫妮卡转了转眼珠好像在说：这家伙没数。

史蒂夫盯着她：“我是主要看护人。”

莫妮卡转过来：“如果你是主要看护人，那你知道吗？马蒂斯”——他们三岁的孩子——“早上2点半进来了？尿湿了？”

他的眼睛瞪大了几秒钟：“不知道。”

“他出了点意外。我起来给他换了衣服，也换了床单。”

史蒂夫一直在沉睡。她并没有用这个攻击他。他们俩目的一致。“主要看护人，”她笑着对他说。

室内儿童

在这里没有很多孩子在骑自行车。我在休斯敦的郊区花了好几天的时间来诊断这种奇怪的缺失现象，这个现代版的犬不吠现象。今天天气闷热阳光灿烂，在我小时候如果是这种天气我妈妈肯定要把我赶到外面玩一下午。但是在这个满目绿地的街区，除了从德州密苏里城帕莫小学放学的脚步声，四处静悄悄一片。

我到达卡罗尔·里德家门口时思量着这些事。这是一幢不错的砖结构房子，后院带一个小泳池，这里就是这个街区的生活缩影。

卡罗尔在门口迎接我。她像莫妮卡一样为帕默小学家长教师联合会（PTO）服务，但是她住在一个稍好点的街区，住着稍微贵点的房子。但是她不像我在这个地区遇到的大多数女人，她在马萨诸塞州长大（她的口音可以印证这点），喜欢短发和厚实的眼镜。而且不像我在这儿遇到的其他女人——她养育的孩子们相差一代。她21岁时有了儿子。六年前，她47岁时，她和第二任丈夫决定要个共同的孩子，他们就收养了一个来自中国的小女孩儿。当艾米丽到来时，她营养不良而且刚刚做完心脏手术。现在，她是个健康的小学一年级孩子。卡罗尔在家照顾她。

卡罗尔讲述了过去和现在不同的育儿方式。现在她有更大的社会网络，这相当不错，而且她更有信心和经验——别人不会试图告诉她如何做事。“但是因为艾米丽是家里唯一的小孩，”卡罗尔说：“她想让我做她的玩伴。”

但我指出她儿子现在31岁，不是个小孩子了。现在和孩子玩儿有什么不同呢？“我不知道，”过了片刻她说：“但是我和他玩得少。那时有更多的邻居家的孩子，更多去别人家过夜的机会。”她进一步思量着。“艾米丽喜欢人多，但是不想去别人家里。”

当然，有可能是因为艾米丽是那种小孩（“妈妈！和我玩！”）。但是当卡罗尔带我参观她家时，我有了另外的想法。艾米丽不但有她自己单独的漂亮卧室。她也有自己单独的漂亮的游戏室，里面主要是一个黄色的玩具屋、一个画架和一个令人愉悦的厨房。美术用品、毛绒玩具和各类玩具填充了每一个角落。他们堆在半透明的抽屉和色彩鲜艳的整理箱里；他们被塞进窗边的壁橱里；他们被高高地堆在所有能玩耍的地方的表面，包括她的玩具桌椅上。这个地方是孩子的仙境。

“这就像是她的公寓，”卡罗尔带我穿过房间。“这是她招待我们的地方。她不时地改变一下。有时这里会是个饭店，她会给我们做咖啡或者奶昔或者饼干"——她指着玩具咖啡机、搅拌器和打蛋器——"而有时这里是个商店。"她指向玩具购物车和收银机。

我看了看卡罗尔。

她笑了。"我知道，"她看着眼前的一切："我儿子没有任何这些东西。"

成人对童年过度的感情用事产生了很多悖论。但是，**最古怪的也许是儿童拥有的东西越多他们就变得越没用**。直到19世纪末儿童仍然对家庭的经济做着至关重要的贡献，正如我们知道的，他们没有玩具。他们和天然的东西以及家居用品玩（木棒、锅、扫帚）。2007年，学者霍德华·丘达柯夫在《美国儿童玩耍史》中写道，"一些历史学家甚至认为在现代社会之前，儿童玩耍最常见的形式不是玩玩具而是和其他孩子一起玩耍——兄弟姐妹、表亲和朋友们。"

但是到了1931年，儿童做好了充分的准备向胡佛任内的白宫宣布，他们理应得到一个属于自己的房间。一个有关儿童健康会议的与会者说，儿童需要"一个地方，在这里他们可以玩耍和工作，不受家庭成年成员的打扰或者与其活动相冲突"。现代游戏室的概念通过行政法令诞生了。

就在第二次世界大战刚刚结束的那些年——那时现代童年正式诞生——玩具市场也开始繁荣昌盛。1940年，玩具销售额只不过8千4百万美元；到了1960年已经达到12.5亿美元。这个时代发明了许多经典的儿童玩具，包括橡皮泥（1950）和薯头先生（1952）。当时像艾米丽的这种游戏室越来越普遍，但与如今相比那时的利润真是微不足道。在《育儿有限公司》（2008年）一书中，帕梅拉·保罗写道，玩具行业“针对出生至两岁的婴儿”其销售额每年超过700万美元。根据玩具行业协会的数据，2011年国内儿童玩具销售额是212亿美元，这个数字还不包括电子游戏。

这种繁荣造成了意想不到的结果。在《哈克的木筏》中，史蒂文·明茨指出，二十世纪之前玩具在本质上主要是社交的——跳绳、玩弹球、放风筝、打球：但是，**“现代生产的玩具隐含的是孤独，这在二十世纪之前并不是童年一部分。”**例如，他提到蜡笔1903年出现。或者搭建玩具（1914），林肯积木（1916），或者乐高（1932）。

更为普遍的是，明茨写道，“今天，年轻人的生活一个典型的特征就是，他们比前辈们花更多的时间独处。”他们在小家庭中长大（如今22%的美国儿童都是独生子女，而且在大都市里这个数字上升到30%）。比起上辈人他们更可能拥有自己的房间，并且住在更大的房子里，这意味着他们这种生活结构妨碍了与其他家庭成员的交往。他们也住在近郊和远郊，离邻居和朋友更远的地方。

隔离给父母带来很多额外工作。他们的孩子把他们当成玩伴，就像艾米丽与卡罗尔。他们被迫开车出行。而且父母们因为担心如果他们不和孩子玩的话孩子就会孤单寂寞，所以他们也认同这一点。这也是为什么家长给孩子安排如此众多的课外活动的另外一个原因。拉鲁在她研究这些家庭时马上注意到了这一点。“中产阶级父母，”她写道，“他们担心孩子们如果不参加有组织的活动，他们在放学后或者春假、暑假时没有玩伴。”

很不幸——而且并非故意——结果是永久的循环。如果孩子从小就过紧密计划的生活（包括幼儿园在内，越来越多地采用模块式的方法分割一天），他们就很少能体验无聊，这意味着他们真的不知道如何“忍受”无聊，也就是说他希望父母来帮助缓解无聊。南希·达林在2011年提出这一点，她是欧柏林学院[①]的心理学家，也是优秀的育儿博客“思考孩子”的博主。她写了她小时候的事情。

我们一直很无聊。除了每周一次的童军活动或者4H俱乐部[②]和主日学校，孩子们直到初中才有课外活动。妈妈们很少外出工作，所以我们3点钟放学回家就一直闲逛。他们还没有发明芝麻街，而兔八哥和鹿兄鼠弟或许是儿童电视节目的全部，除非是周六早上……那意味着我们的妈妈们——她们忙着做饭，打扫房间，看肥皂剧，和她们的邻居出门，以及运行一个庞大的非盈利服务网络（童军、教会、红十字会等等）——会回应我们无事可做的抱怨，建议我们清理一下自己的房间。我们学会不去问大人而是自己想办法。

所以，当我们自己的孩子好像不能做同样的事情时我们就非常抓狂，即使我们亲身参与了减少他们自己解决能力的事情之中。这并不是说这些有组织的活动没有优点，达林补充道。但是因为这些活动，她推断道，“孩子们很少经历去学习‘为他们自己’找到事情做。他们一直是‘被动的’（这个词是她强调的，不是我）。”当孩子小学毕业后这种被动会尤其严重，而且解决如何管理业余时间的负担变成了父母的责任。达林后来向我解释说：“没有孩子会说，‘哇，现在我有

① 欧柏林学院：建立于1833年，位于俄亥俄州，是美国最好的文科学院之一。这所学院是美国历史上第一所接受女性学生的学院，也是美国历史上第一所接受黑人学生的学院，是自由精神和民主主义的先驱和领导。

② 4H俱乐部：出自英文head，heart，hands，health四个词的首字母。20世纪初起源于美国，尤其在广大的乡村地区开展得轰轰烈烈。俱乐部早期主要为乡村青年学习科学知识、提高技术本领、发展物质文明提供精神寄托，对乡村地区的稳定繁荣起到了积极的作用。

点空闲时间——我要成为一个集邮爱好者！’爱好需要时间来培养。”

但是，因为如今中产阶级儿童在家庭中占据着特权地位，而且因为他们父母的过分给予，孩子意识到他们有能力让一切成为父母的责任。拉鲁也很快注意到了这点。“中产阶级儿童，”她写道，“经常感到有权让成人关注及干预他们的游戏。”

让孩子一直忙碌或者娱乐无疑会让父母感觉少了很多压力——而且对孩子有能力自娱自乐更有信心——如果他们对把孩子送到户外感到舒服的话。但是，他们越来越不能那样做。再次说明这是我们感情用事的另一个矛盾的结果：经济越发展儿童就变得越无用，我们就更积极地试图保护他们。

如果人们简单地研究一下现代游乐场地的历史，就会对这一趋势了解一二。1905年，全国范围内不超过100个游乐场。到1917年，有将近4000个，因为改革者为之激动非常。在那之前，儿童在大街上玩耍。但是，他们突然需要免受一种全新的并且致命的发明的伤害：汽车。因此，1906年人们建立了美国游乐场协会。

今天，儿童过着更加与世隔绝的生活。在他们长大的家中，咖啡桌有防撞垫、电源有儿童保护插座、楼梯带栅门。他们去的游乐场不仅和马路隔离，而且设施也提供保护，柔软的地面防止跌落，秋千像尿垫一样柔软舒适。

所以，毫不奇怪当儿童长大想冒险一下时——去杂货店，去街那头的朋友家——他们的父母会觉得让他们自己去很奇怪，因为他们认为这个世界是个危险的地方。根据运输部的一项调查显示，儿童步行或骑自行车上学的数量从1969年的42%下降到2001年的16%。

即使针对儿童的犯罪率在过去的几十年里一直稳步下降，对于儿童来说现在也许是最安全的时代。（例如，在1997年到2008年间，失踪儿童的数量下降了三分之一）

这种关于儿童安全的焦虑也有可能是我们的文化对于女性工作矛盾心理的另一个表现。在外挣钱的妈妈越多，大街上监管的眼睛就越少，街道上监管的眼睛越少，对这些街道潜在的危险的恐慌就会增长。在《哈克的木筏》中明茨尖锐地指出，整个80年代——这是女性穿着高跟鞋和职业装不断走向职场的十年——是偏执狂患者在日托中心疯狂实施性虐待的时期。“回顾一下，”他写道，“人们可以看出，受到惊吓的父母是如何放下焦虑和内疚感把他们的孩子留给日托中心工作的陌生人。”他指出这个时期几乎同时出现的警报，警告大家注意实施绑架的陌生人以及那些把剃须刀片插入万圣节糖果的疯子。大概也在同一时期，失踪儿童的画像开始频频出现在牛奶盒包装上。而事实上被陌生人绑架的事件大概在每年500到600起之间，或者说大约1/11.5万（相当于死于交通事故的乘客的4倍）。

今天，随着有线电视节目的普及以及犯罪记录的透明化，人们不必再用牛奶盒来传递绑架偏执狂的信息。在德克萨斯州这两种方式曾经尤为多见。在舒格兰德和密苏里城，我采访过的几乎每个家长都和我提到，他们对于绑架在某种程度上的恐惧，即使他们住在极其安全的中产或中上阶层街区。我很快了解到，德克萨斯有一个公共的可以在线查询的性犯罪者注册表。任何人都可以在互联网上输入他/她的地址，看看离自己最近的刚刚释放的性侵者的住址。卡罗尔·里德推测，这是她的大孩子成长过程中需要更少关注的原因之一，她告诉我：“那时候事情不像现在这么可怕，或者说我们没有意识到有多可怕。”

我承认一开始我觉得这种担心非常荒谬，因为她所在的街区非常健康，而且她家离学校很近。但是，随后我上网查询了一下，离她家仅仅半英里的一个地址和一个家伙的描述立刻出现了，紧跟着又出现了另外三个，全都不到1英里远的距离。他们犯罪记录的细节不是很详细。大约90%被判有罪的性侵者曾经攻击的是他们熟悉的人，而不是陌生人的孩子。但是，这个信息很难让大多数父母消除疑虑。我也不能确定它是否能让我自己安心。

此外，也有别的事情把孩子留在室内，吸引他们坐在沙发上，这比超级磁铁还有力量：今天的各种电子娱乐。

“一半的时间，”一位舒格兰德妈妈告诉我，“如果我儿子”——他十岁——“出去玩，几分钟之后他就会和邻居家的男孩回家开始打电子游戏了。”

过去的十五年，科技的发展显然是巨大的，而我会在下一章里进行深入探讨。从一开始我也应该表明，关于信息时代的新形式我并不是杞人忧天者。但是，如果人们只要考虑一下有关视频游戏的原始数据（凯瑟家庭基金会2010年的一项调查表明，8至10岁儿童每天大概玩视频游戏1小时）和关于对相同年龄组看电视的调查数据（3小时41分钟，自2004年以来上升了38分钟），以及与学业无关的计算机使用数据（46分钟），你就会明白为什么家长开始怀疑这些娱乐方式渐增的影响——特别是对于很难忍受无聊的一代人。（在凯瑟的调查中，相比48%的“轻度”媒体使用者，全部“重度”媒体使用者的60%声称他们自己“经常感到无聊”。）在电子屏幕前消耗了大量的时间。其中一部分时间是社交的，但是更多的是独处的。最近的调查发现，7年级和8年级男生的63%“经常”或者“总是”一个人玩视频游戏。

父母们对于这种新出现的频繁的时间使用方式十分担忧，这也是为什么让孩子参加更为熟悉的有组织活动的另一个原因。而且，我认为这再次解释了在我所采访的社区里童军具有巨大吸引力的原因。

美国的童军成立于1910年，一个快速城市化的时代让人们担心年轻男性正在退化成浮华一代，会放弃艰苦的农场生活选择城市生活的安逸快乐。也在那时，童工被列为犯罪行为。正如薇薇安·泽利泽毫不留情地指出的那样，儿童正变得毫无用处。

其结果导致对男性的软弱近乎歇斯底里的恐惧。而且这种恐惧至今依然存在，现在当父母谈到孩子们过多地玩Xbox游戏机和看Hulu在线视频时，他们仍然经常感到这种恐惧。对于在屏幕前久坐不动的时间，男童军似乎是个完美的解毒药。“我喜欢童军，”劳拉·安妮说，那个本章开始提到的童军妈妈。“我们上周参加了童军营。安德鲁和罗伯特要做现在男孩子不再做的事情。皮革制作、箭术、打气枪——以前的娱乐方式。”

无论正确与否从某种原始标准看，我们仍然将实际技能与我们能身体力行的事情联系起来。这是对于更加有触感和“手工”事业的怀念，这无疑解释了2006年出版的《男孩的冒险书》热销的现象。书中教授了如何“做事”的知识：如何给绳子打结；如何狩猎和烹饪野兔；如何做一个手推车、电池和树屋。成人很难看到视频游戏有什么价值。

但是孩子能看到。从孩子的角度来看，视频游戏为流动提供了巨大的机会。它们提供结构和规则。它们提供反馈，告诉玩家他们所做的如何。视频游戏提供一个可以脱颖而出的机会，能够获得掌控的感觉。“现在有一种奇怪的结构性紧张，”米米·伊藤说，她是加州大学欧文分校研究技术使用的人类文化学家。“我们已经看到了‘军备竞赛’的加剧能够打通良好的教育通道，并获得就业的良机。所以孩子们渴望这些在线空间弥补他们已经失去的自治”——参加所有这些有结构的活动，她的意思是为了赢得“军备竞赛”——“当父母更加关注效率并且把这些游戏看成彻底的浪费时间时。”

她也怀疑，如果孩子们不那么倾向于沉浸在这些室内娱乐中，他们是否能得到更多的户外自由。

幸福的负担

安琪莉可·巴塞洛缪，41岁，她的家与卡罗尔·里德家类似也是一幢砖结构房子，两家仅隔几幢房子，而且离帕默小学也只有几个街区，她也为帕默小学家长教师联合会工作。但是，她的家庭挑战完全不同。卡罗尔纠结于如何使一个孩子快乐；安琪莉可家的屋檐下有四个孩子，再加上一个经常留宿的继女，这意味着她的角色通常是与空中交通管制员不相上下。今天下午，家里相当安静。她13岁的儿子迈尔斯去足球训练了。9岁的布拉西尔在上钢琴课。最小的奈杰尔在午睡。所以，这位戴着巨大耳环、赤着脚令人惊叹的非裔美国妇女安琪莉可正在好好利用这个来之不易的平静时间准备晚餐。在更加精心准备的晚上，她要用两只鸡、七个山药以及一箱草莓来喂饱一家子，但是今晚她只简单地做了墨西哥煎玉米卷。当她在搅拌一锅碎火鸡肉时，她四岁的女儿莱恩在楼下闲逛，并且开始在客厅的沙发上使劲儿地跳上跳下。安琪莉可抬头看着她。

“我们给你一本书或者蜡笔，你可以涂色吗？”

“我的书在那上面。”她指着。

“说请，礼貌点，说请。”安琪莉可取来书：“我们大人在讲话。不要插嘴。”

我问安琪莉可，她认为大家庭最困难的是什么。我以为她会说是管理每个人的日程安排，或者经营婚姻，或者还抵押贷款，或是睡眠不足，或者争取足够的个人时间，亦或是经营事业。（她兼职为一家法医实验室工作，但是她真正喜欢的是鼓舞人心的演讲。）这些没有一个是我得到的答案。

“平衡孩子们的关系，”她立即回答道：“确保他们都觉得自己是重要的，因为我知道他们中的一个认为自己不重要。”

虽然仍旧小心翼翼但她说话坦率，敢于说出很多家长不说的事。但她用复数代词“他们”小心地隐藏着这个孩子的身份。“我所有的孩子都很自信，”她继续说。“但是这个孩子想让我慢下来，花一分钟时间来承认他们。而我一直在动……”

即使现在，这个安静的时刻，她还要为明天一个重要会议做一堆文书工作，同时还要给最大的孩子准备一堆体能训练表格。她丈夫的工作是向医院推销医疗设备，现在正在圣安东尼奥，这意味着他帮不上什么忙，而且她的妹妹——安琪莉可有十个兄弟姐妹——她十分信赖的，正在楼上睡觉，因为她晚上工作。

然而，安琪莉可和她的丈夫想办法工作。他们有一个宽敞优雅的家，一个带螺旋滑梯的美丽泳池。他们能负担得起幼儿园。她白天找时间做医疗工作；她为家长教师联合会和当地一个为学校提供衣服的组织做志愿者。而且她每天早上六点起床冥想和祷告以保持头脑清醒。

这听起来很疲惫——身体上疲惫。但是，她说最让她筋疲力尽的是养育孩子过程中的情感需求。“有趣的是相同的父母怎么塑造了性格迥异的孩子，”她说：“不管你为你的孩子投入多少，一些孩子的需求总比另一些多。而且这个孩子”——这时她的脑海中出现了这个孩子，她以前间接地提到过的这个孩子——“总是需要的更多。”她开始切草莓准备甜点，并且把话题转移到更一般的主题上。“我想让他们都知道他们对我来说真的都很重要，”她说。“对于我的每一个孩子我都有同样的爱、关心和鼓励。只是和每一个人的关系不同而已。”

她做什么能让他们每个人都觉得自己很重要呢？“我让一个孩子和我一起去商店，”她说。“或者我假装不能做某件事而让其中一个孩子来帮助我。或者我和一个孩子躺在床上。这是个大事。在睡前祈祷。”她打开冰箱看了看，皱起眉头。奶酪不够了。“然后当我去睡觉时，”她继续说，“我会对一个孩子说点什么，或者回答另一个孩子，或者回应另一个……并且第二天起床我会先去第一个孩子那儿，如果我觉得对他做得不够好的话。”

我真的不知道为什么我问了下一个问题，但是感觉很自然。在她看来，怎么做才是位好母亲？

她停下手头的活开始思考这个难题。“看着我的孩子，”过了一会儿她说："对他说，'你饿了吗？你伤心了吗？认同孩子的情感。"她继续干活，拿出十八只一盒的墨西哥煎玉米卷外皮儿，砰地放到台面下面。"认同情感，"她反复强调："母亲可以在情感被说出来之前就察觉到。孩子说之前就看出孩子的情感，对我来说这就是好母亲。"

在很多方面，人们期待一个像安琪莉可一样的现代的、尽职的母亲。她不应该厚此薄彼。她应该注意到孩子的敏感性。而且最重要的是，她应该让孩子们感到自己很重要，一砖一瓦地建立他们的自尊。

但是"现代"在这里是个关键词。在童年"神圣化"之前（另一个引自薇薇安的恰当的描述），家长内心的情感并没有如此震荡。他们给孩子做衣服、抚养他们、教他们从善并且为这个世界的严酷做好准备，这些就足够了。

仅仅在父母对孩子的主要责任完全外包给——公立学校、儿科医生、超市、Gap儿童装之后——孩子的情感需求才尖锐地呈现出来。在《养育美国》中，安·赫伯特引用了20世纪30年代的社会学家欧内斯特·林的评论："摆脱了不得不在所有分支实现育儿的所有细节后，今天的家庭能够专注于其他机构无法承担的更重要的责任——指导、鼓励和忠诚的友谊。"

但是，提供"指导、鼓励和忠诚的友谊"到底是什么意思？至少可以这样说，这些是抽象的目标。然而，自从第二次世界大战以来几乎每个育儿专家都强调这些。"鼓励和忠诚的友谊"是半个世纪前《欢乐满人间》的主题——人物乔治从遥远的爱德华时代① 的家

① 爱德华时代：指1901年至1910年英王爱德华七世在位的时期。

长转变为情感丰富的风筝制造者（从那以后几乎每个电影中的爸爸都会得到一个教训）——并且这是今天几乎所有的育儿博客的中心原则。（多年来，《纽约时报》育儿博客Motherlode的简介是这样开头的：“教养的目的是简单的——即养育快乐、健康、适应能力强的孩子。”）在《母亲的文化矛盾》一书中，社会学家莎朗·海斯在深入阅读了本杰明·斯波克、T·贝里·布雷泽尔顿和佩内洛普·里奇三位历史上最受欢迎的育儿专家的作品后总结：“个人幸福成为追求，这一点人人赞同。”

在这里我应该指出，个人的幸福的确也是我为自己的儿子设定的目标。但是在英国心理分析学家亚当·菲利普斯的一篇文章中，他的研究令我震惊：

我认为这是不切实际的——关于“不切实际”我的意思是这个要求不能被满足——假设孩子的生活中一切顺利，他或她就会很快乐。不是因为生活不会让你快乐；而是因为快乐不是那种你可以问孩子的事。我认为，孩子承受着压力——以成人不总能意识到的方式——一种他们的父母施加给他们的使他们快乐的压力，这种压力不会让他们的父母不快乐，或者比他们现有的更不快乐。

如果孩子在家庭中有更多具体的角色，父母可能不会那么疯狂地想让他们快乐。1977年杰罗姆·卡根写道，现代毫无用处的儿童无法“将耕犁过的田地和丰满的柴堆作为他有用处的标志。”因此，他预测（以异乎寻常的先知）**儿童将处于一种危机之中，即过度地依赖赞美和反复地宣称爱他们才能够建立起自信。**

引用玛格丽特·米德的措辞，如果“习俗的可靠性”支持他们的努力，并且他们确切地知道要为他们的孩子准备什么，那么父母对于树立孩子们的自尊就不会那么焦虑。斯波克博士是第一位写有关受保护的孩子相关书籍的育儿专家，他在《父母的问题》（1962年）一书中探讨了这种困境，而且这可能并非偶然：他是米德女儿的儿科医生。“我们不确定我们希望孩子如何表现，”他写道，“因为我们对于他们的最终目标不明确。”他说，除非我们已经在“异常有目的”地抚养孩子，美国的中产阶级父母才会回到诸如快乐，或者良好的适应能力、或者成功的一般目标上来。这些听起来不错，但是相当不好理解。很少表明他们是如何被完成的。快乐的麻烦是它不能直接寻求。它仅仅是其它有价值活动的一个珍贵的副产品。

我认为这解释了蔡美儿的《虎妈战歌》为什么会取得巨大的成功。它正是宣扬了同样的理念。忘记所有这一切空想来谈论幸福。相反，目标是追求卓越。无论如何，从做好一件事中得到的快乐就是最好的快乐，它会得到持久的尊重。

具有讽刺意味的是，即使蔡美儿对于这种方法也有疑惑。“如果我能够按下一个神奇的按钮，为我的孩子们选择快乐或者成功，”她在她的网站上写道，“我会立刻选择快乐。”

家庭作业是新晚餐

“这把铲子不错——你在哪儿找到的？”劳拉·安妮问。幼童军注册结束了，孩子们已经吃过晚饭，现在我们都坐在厨房的餐桌旁：此刻是家庭作业时间。劳拉·安妮7岁的儿子罗伯特正在安静地专注于更适合他的作业。但是9岁的安德鲁必须把一个大纸板娃娃变成某种科学家。他选择了考古学家。他小心翼翼地用手指捏着铲子并把它安到娃娃上。“从我的乐高套装上拿的，”他答道。

“你想让我做点什么吗？”劳拉·安妮问。“他还需要什么？”

安德鲁给娃娃画上胡子，加上短裤和腰带。“看！”他加了一顶灰色的帽子。

“我喜欢这个！你的油画棒在哪？他需要一些泥土。”她突然起身从柜子里拽出油画棒。

就在这时我问劳拉·安妮：为什么她要提供这些帮助呢？恕我直言，对于安德鲁这个设计最后只是一个娃娃。

劳拉·安妮说她知道这点。但是现在这是她的习惯。老师布置的一些项目相当复杂，实际上需要家长的协助：如果他做的时候她只是闲坐着，她就会觉得自己玩忽职守。“我来给你演示一下苏格兰项目，”她跟我说，并向车库走去。这是一个有关祖先的项目，往年所有的孩子都必须做。几分钟后她拿着一本引人注目的黑色三折书回来。上面写着“苏格兰，安德鲁·岱（著）”。一件像游行的队伍里一样的苏格兰短裙系在书的中间。“我可不能把它扔掉。”

整齐的标题：“土地和人民。”“对一位现代风笛手的采访。”下面穿插着照片和文字，这当然令人印象深刻。我问这是不是那天上交的外表最拉风的作业。

她摇了摇头。“有一份作业上面的长颈鹿一直到这儿。”她尽可能地伸长胳膊。“而且有一个项目是让孩子建造城市的建筑，一个男孩建了一个开合式的屋顶”（像休斯敦雷利昂体育馆那种）。她用手工制作了这件苏格兰短裙。“万一买不到我就自己做，”她说。“我用缝纫机做出这个款式……”

这时罗伯特过来，他已经完成了作业。劳拉·安妮检查了一下。“哇！这些句子用得好。你完成了这批作业，现在才星期二！”

她坐下来继续完成安德鲁的考古学家娃娃。桌子完全让位于美术用品、笔记本、练习册、记号笔和铅笔。它就像教室里的一个工作台。“我想作业已经取代了家庭晚餐，”劳拉安妮说。她仔细观察了一会儿，然后调整了考古学家的衬衫。“也许这让人忧伤，但是确实是事实。因为这时是你的孩子告诉你事情的时候。这是你和孩子们坐下来一起创造的时间。”她承认在她家家庭作业可能已经取代晚餐的原因之一是，她不那么擅长烹饪。在城里，很容易这样。孩子们今晚吃外卖，家里到处都是聚苯乙烯泡沫饭盒的碎屑。“我一直都知道我的妈妈关心我，因为她给我做饭吃，对吗？”她从儿子的项目上抬起头。“她把爱和时间倾注到食物上。但是我不会那样。”家务事是她母亲一代重要的事。她这一代人把她们的厨房变成了家庭作业哨岗。她剪了一条布递给儿子。“所以，这就是我，”她说，“服务他们需要的。倾注爱和时间。”

“铃木训练法”是始于第一次世界大战之后的一种音乐教学法，旨在教会幼儿如何拉小提琴。这种方法以一种非常豁达的理论为核心，即如果给予恰当的手段、技巧和环境，所有的儿童都能拥有音乐成就。铃木训练法需要儿童高度的投入。但是它真正不同寻常的是需要来自父母的高度投入。父母必须参与音乐课程，并密切重视所教的内容。他们必须每日监督孩子练琴。他们必须使孩子沉浸在音乐氛围之中，在家里放交响乐以及空闲时间带孩子听音乐会。

今天，人们使用铃木训练法来教授各种各样的乐器，不只是小提琴。它也是中产阶级家长处理孩子各种活动的一个不错的隐喻。他们做的每一件事都要全员参与，全体动员。不只是小提琴。为幼童军做松木德比车；在旅行季做体育经纪人的角色；协助参与六个不同种类的夏令营。孩子无聊时和他们玩餐厅游戏；公文式练习；与孩子合作参与完成学校留的项目，似乎越来越多的学校需要这种实践。家庭作业是新的家庭晚餐。

但是，这一切会失去什么？

人们想知道真正的家庭晚餐——其数量自从上世纪70年代起就已经大幅下降——如果他们没有被餐桌上的学堂取代的话，而且如果那个时间不是更有助于复习的话，它是否可能更频繁一点，——是否会被习俗和故事、爱的记忆以及我们所依恋的东西填满。

家庭时间不是唯一遭受这种新的任务损害的时间。夫妻时间也惨遭侵犯。如果作业是新的家庭晚餐，足球训练就是新的约会之夜（它本身就是一个现代发明）。当我们坐在场地边看着他儿子踢球时，史蒂夫·布朗如此说。“上周我和妻子能够一起做的一件事，”他告诉我：“这个不错的不受打扰的爸爸妈妈时间就是可以说说话。”微风吹过，树木摇曳花草荡漾，他闭上了眼睛。

我明白他的意思。此时夕阳西下，树荫下很凉爽，他帅气的儿子正在玩球。但是爸爸妈妈时间应该有一个比足球场更好的场所。育儿压力重塑了我们的首要任务以至于我们忘却了共处时间。1975年，夫妻平均每周独处时间是12.4小时。到2000年，他们只有9小时。随着这个数字的减少，我们的期望也随之萎缩。夫妻时间变成了偷来的时间，需要见缝插针或者和其他的活动联结在一起。

“家庭作业是新的家庭晚餐。”当劳拉·安妮描述这一新的事实时，我对她的语言印象深刻。她说通过作业指导儿子的这种傍晚仪式是她的“礼品服务”。毫无疑问这确实是。但是，这种特殊的服务形式是在家中指导，而不是面向社区和公益，这种志愿者服务和公共行为在过去的几十年里也已经持续地下降，至少在我们投入其中的时间量上。我们的礼品服务更可能是为了我们的孩子。所以，我们的世界变得越来越小，无论如何我们觉得成为好父母的内在压力增加了：正如杰罗姆·卡根指出的，现在如何养育孩子是我们能正视自己道德价值的公共生活为数不多的方法之一。在其他文化和其他地区，道德标准可以表现为关爱长者，参与社会活动，提供公民领导和做志愿服务。在美国，现在育儿取代了大部分的以上方式。毫不夸张地说，育儿书籍已经成了我们的圣经。

不难理解为什么家长为了他们的孩子可以做出如此大的牺牲。但是，这里要思考一下：当安妮特·拉鲁的《不平等的童年》清楚地阐释了中产阶级儿童在世界上享有更大的成功时，这本书没有说明这种成功是否归因于协作培养，或者如果没有协作培养，中产阶级儿童是否能同样成功。

回到上世纪90年代，家庭和工作研究会主席及创始人之一艾伦·加林斯基有了一个有创造力的想法。不是轻率地推测儿童如何看待父母平衡工作和家庭的努力，而她决定直接访问他们。她的组织做了一个详尽的全面的调查，调查涉及年龄在8至18岁之间的1023名儿童，1999年她出版了《问孩子：美国儿童如何看待工作的父母》

一书，分析了调查结果。数据非常清楚：85%的美国人也许认为父母没有花足够的时间陪伴孩子，但是在加林斯基的调查中仅有10%的孩子希望和母亲有很多的时间在一起，只有16%的孩子希望和父亲有更多的时间。但是，34%的孩子希望母亲能“压力更少”。

ADOLESCENCE

第五章

青春期

没有人告诉你，当父母最难的，是不知这一路如何走。

——达尼·夏彼洛，《家庭史》

一个温暖的黄昏，六位因生活的纽带（工作、孩子、邻里）相结识的母亲，围坐在一栋褐石式住宅的餐桌旁，谈论着她们的青春期孩子。这座复古式的房屋坐落在美丽的莱弗茨花园区，是地产热潮前纽约中产阶层尚能负担的布鲁克林住宅区之一。这几位妈妈的对话不乏生动和调侃，但也平淡无奇。直到贝斯，一位公立学校的老师、六位母亲中最年轻的一个，提到了她15岁的卡尔，最近“脑筋都没用在正事上”。

妈妈们都停止了交谈，看向她。

“不去追求好成绩，而是想方设法逃避你的监护”，她说着提到了她在电脑里安的监控软件，“他总黏在脸谱网上而不去做作业。我还看到，比如说，他三次输入‘俄罗斯妓女’的搜索字眼”。

我在她说的时候转录了下磁带，回头再继续听时，她又跟我强调了下我错过的部分：“三次输入‘俄罗斯妓女’”。

萨曼莎，也是一位公立学校的老师，此刻按耐不住地发出炮弹一样有力的话语，“把那该死的电脑撤掉！贝斯！”她喊道，“拿走！”

“他还得用。他们在网上传东西。”

“在你的电脑上传就行了”，萨曼莎回答道，“撤掉他的，贝斯！撤掉！”

“在厨房放一个台式机，”迪尔德丽，今晚的女主人建议道。她和贝斯在同一栋大楼工作。

“我们也那么做来着，”贝斯说道，“我在卧室里放了一台。”她继续说真正让人烦恼的还不是儿子沉迷于色情的问题（虽然儿子的“特殊”兴趣还没有让她到抓狂的地步，但她认为这会玷污他对性的理解）。而是，他总是耗费太多时间在网上，而且故意以此来违抗母命，成绩也下滑了。

萨曼莎还没有平息下来，“要是他成绩下滑到要被退学，贝斯，你怎么办？”

“他不会被退学的，他只得过一次D。”她顿了一下想了想，“我还找过他的治疗师，跟他说‘我发现他浪费大把时间在电脑上看色情内容’，治疗师也没有什么办法，就没有就此说下去。”

“是，我也有过类似经历，”盖尔，一位代课老师，突然插话进来，她到目前为止都没怎么说话。于是，所有的脑袋都转了方向。“梅”——她的女儿，“也是花了一年的治疗费却没有跟治疗师提及她真正的问题——她会割伤自己，而谈论的是她多么讨厌小提琴。”

至此，故事才开始慢慢浮出水面。凯特开始说起她的老大，凯特和迪尔德丽在当地公园第一次碰面时她们的第一个孩子才刚刚会走路。她的老大尼娜，这个夏天做了件让她和老公关系异常紧张的事，她甚至都不愿再提起。（我过后了解到是关于在商店顺手牵羊的小插曲）。还有，在刚上大学的那年，尼娜把带有爸爸明显指导痕迹的论文（误）交给了老师。

说到这里，萨曼莎终于泄气了。她肘部拄着桌子，垂着脑袋，手撑着额头。“我们都是一个阵营的，”她说，“谁都有这样的故事”，抬头看了看大家，“我的意思是，我还有‘警察’版本的。”

“警察事件”？在其他人滔滔不绝的时候，我一直以为萨曼莎是幸免于难的，原来根本不是。从谈话的一开始，她就感同身受地共鸣着每个人的烦恼。

谁的过渡期

当准父母畅想亲子生活的欢乐场景，鲜有人会想到青少年时期。青春期是养育过程中众所周知的一段不快时光。莎士比亚视这段童年的延伸阶段为一无是处的，除了会“搞大肚子、人心不古/诽谤前人、偷窃、打仗，”诺拉·艾芙隆则觉得养一条狗才会好过些（“因为这样家里就有一位愿意待见你的成员了”）。最初的满面笑容、温暖亲昵和嬉闹追逐都远去了，取而代之的是凌晨五点的曲棍球练习，三角函数（正割、余割什么的）上的新挑战，午夜的接送请求。这些都是那些“好”少年们制造的种种麻烦。

而此刻，在迪尔德丽家的餐桌旁，是这些麻烦的一个个现实版。这群妈妈的孩子们，都是优秀的好少年，不是在著名的大学里就读就是在纽约数一数二的公立高中念书（有一个孩子在私立高中，也是不错的学校）；也都在课外发展了良好的兴趣和才艺。这些孩子，在我看来，每一个都给人自信、有思想又懂事的感觉。

尽管如此，他们的父母还是要半疯了。这就引出一个重要问题：是否有可能，大人所面对的青春期和孩子所经历的不是一回事？也许，这种归类，比起那些被种种描述的孩子来说，对“父母”要更有帮助。

劳伦斯·斯坦伯格，天普大学的心理学家，也是当今美国最权威的青春期领域研究者，认为这个观点是有强有力的事实论据支撑的。“在我来看，青春期对孩子们来说并不是一段难熬的时光，”他跟我说，“他们大多数都带着懵懂的快乐走过这段。只有和他们父母聊天的时候才发现问题所在，他们常常说‘我那孩子要把我逼疯了。’”

斯坦伯格在那本著名的教科书《青春期》（2014版）中，从生理学精力旺盛的角度揭开易怒少年们的面纱。“青春期荷尔蒙的改变”，他写到，“多多少少地直接影响到他们的行为中去；这一时期的叛逆是非典型的；也没有哪个少年经历了激烈的认同危机。”

可是对父母来说，这一画面就仿佛复杂得多了。斯坦伯格在1994年出版的《必经之路》一书，就是为数不多的一本讲述家长在第一个孩子进入青春期后所经历的故事，书中对两百多个家庭进行了纵向调研。其中有40%的父母（约50%的妈妈和30%的爸爸）在第一个孩子进入青春期后，饱尝了不同程度的心理健康指数下滑的痛苦。受访者说，他们的情绪受挫，自我价值感降低；性生活减少；身体症状也随之增加，比如头疼、失眠和胃疼。也许他们更容易忽略为他们带来这些副产品的年龄现实，却不能忽视这座房子里那位少年的作用。但斯坦伯格的研究好像不太建议涉及年龄问题，“我们想通过孩子的发展状况，更好地了解家长们的心路历程”，他写到，“而不是基于他们的年龄。”

斯坦伯格的理论是这样解释的：据他的观点，青少年，相当于家庭中的“盐”，他们激化了已有的一些冲突，尤其是工作和婚姻中的，有时揭露了一些成人自己都没有觉察到的、或是潜在多年的矛盾。斯坦伯格甚至认为要是没有青少年在身旁，所谓的中年危机也许就没那么可怕。他们不知不觉地把问题抛了出来，不论什么，都摆到了台面上。

从某种程度上说，所有的孩子都会充当这样的角色。问题是，为什么青少年要比7岁的孩子更明显？从历史的角度来看：比起其他的养育阶段，青春期是当代孩子最坚持自己主张的时期，又充满矛盾和不确定，用薇薇安·泽利泽的话说，一无是处。

青春期是近现代才提出的概念，是心理学家兼教育家斯坦利·霍尔在1904年“创造”的，就在贝尔发明电话专利的28年后。这并不是说，在1904年以前就没有青春期这回事了，它是生理学上的一个特殊现象，有着体征上的明显变化。但它更可能是，在这章稍后会有所谈及，是一种文化与经济现象，在一个特别的时期应运而生。霍尔在那个特定时期“创造”这个词绝非偶然，正是在那个时候，国人对他们的下一代开始变得关心，让他们待在家里给予特别的保护而不是再送到扩张的城市和工厂里做工。父母们第一次发现自己开始守护并供养年龄稍大的孩子。得以近距离地观察这些十几岁的孩子，他们得出的结论是，遭遇了一段可怕的“暴风与压力”的时期。还有什么能表达父母们所亲历的那种混乱呢？

可能是现代童年的出现——那种被呵护有加的童年——使大孩子的问题变得尤为突出。现今中产阶级的父母倾向于延长保护孩子的时长，除此之外好像也别无选择。这个世界越来越多地鼓吹教育、培养；加之，中产父母有一种强烈的“需要”去保护他们的孩子，他们想永远拥有孩子，他们担心孩子的人身安全和经济保障，他们不停地被专家、其他父母或各种各样的媒体告知，应该花无尽的时间来培育孩子，育儿已变成他们的习惯和一种生活方式。

但随着孩子长大，他们渴望独立、力量和自我意识。当生理方面也发展成熟并努力地成为他们想成为的人时，还想长时间地保护并管控他们就显得怪怪的，也会让你筋疲力尽。现代的家庭常常充斥着无止境的紧张，他们都想弄明白青少年到底是成人还是孩子。有时丈夫会持一个答案，而妻子却另有所见。但不管结论如何——也难有标准答案——这个问题造成了压力。

我在前言里提到这是一本关于孩子对父母影响的书。在青春期，这种影响尤为强烈，触碰了我们的软肋，也揭露了我们的状态。大多数的育儿博客都是小孩子的爸妈们写的，这不是巧合。部分是因为他们面对新的处境所做出的一种回应，还有一部分原因是，他们写的那些挑战都稀松平常，即使透露了也无伤大雅。比如写一个孩子讨厌豌豆，这既不会侵犯孩子的隐私又不会反应亲子关系的欠佳。但是青少年写起来就不同了。他们是刚开始发育的成年人，有着古怪的习气和纷繁的脆弱性；他们是不可能接受父母在博客上贴出自己的日常生活的。同样，父母也不再愿意分享他们的故事，至少是公开的。父母们焦虑的不再是孩子吃什么、该参加什么活动。而是他们是否品行端正，是否学有成效，是否开心、通情达理，并有能力照顾自己。

其实，对这一时期倾诉的渴望对父母们来说是蓄积已久的。当斯坦伯格开始写《必经之路》（最终此书由他的妻子温蒂协助完成）的时候，他确定了270个符合条件的家庭。最终有75%的受邀者同意参与。他说，在大多社会科学项目的调研中，自愿参与者的数量只有近30%。“我们被这热情的回应吓到了，”他在那本书的前言中写道，“后来很快就知道了原由：这个年龄段的父母对家庭中所发生的变化非常迷茫，很想知道为什么这一时期的生活如此烦恼。”

因为这一时期的复杂性，我在这章里只提名不提姓，不是真名，是受访者提供的名字。这本书里只有这一章这样做，但似乎是必要的。青春期孩子们的生活变得难熬和烦乱；这样做很可能会有潜在的伤害，但绝非有意泄露孩子的身份、或他们父母的身份。

无用的父母

即使穿着运动服，你依然能想象出萨曼莎当年的嬉皮士风格——她有着一头美丽浓密的灰色长发，在迪尔德丽家里我还没有特别地注意到，直到她松开摆动的马尾辫，才看到那一头亮丽的长发。我们坐在她厨房里聊天，她家位于迪马斯公园区，也是布鲁克林的一处让外人艳羡的高档住宅区，一排排独栋别墅，环绕式的草坪，纽约稀有的中型家用车，和为家用车设计合理的私人车道。萨曼莎和她的丈夫，都是纽约市公立学校的老师（布鲁斯还是一位音乐家），19年前，他们很有远见地买下这处在城市标准来看还算便宜（23.4万美元）的房产，邻里社区也够多样化。萨曼莎是非裔美国人。布鲁斯是“最最白的人”，他们的女儿卡莉欧碧这样说他。21岁的卡莉欧碧十分漂亮，正在放暑假，即将念大三，学校也是在美国比较有竞争力的大学之一。她走到我们的餐桌前。

“吃哪种百吉饼？”萨曼莎问。

卡莉欧碧又烦又碍于情面地看着她。“嗯，你不了解我吗？”（就仿佛在说：“嗨？我们在一起吃过多少次了？”）

萨曼莎白了一眼，抓了一张，切了起来。

家人开始叫她“Alpha”，即“阿尔法女孩”，是在她上高中的时候。说的委婉一些，卡莉欧碧从那时起就非常确知自己想要什么。这一个早午餐时间，我就听到了关于她的各种难缠的事迹。“卡莉欧碧会争取一些东西”，她16岁的弟弟韦斯利说道，像茶一般醇厚的瘦高男孩，从卧室走出来，“而且总会‘得手’。”说着拿起他的吉他漫不经心地弹了起来。他会弹吉他、钢琴、打鼓，和姐姐的聪敏不差上下。

“才不是！”卡莉欧碧半嗔半笑地反驳道。

“卡莉欧碧，有一阵你可以说是控制了这整座房子。”

“我控制了这间房子？妈妈才是。”

也许是都有比较强势的个性，在卡莉欧碧还没离家上大学的时候，妈妈和女儿之间起了很多冲突。我第一次在迪尔德丽家见到萨曼莎的时候，她就说过一嘴两人间尤为痛心的一次战争，但当时没有提及原因。所以今天我顺便问了下。萨曼莎甚至不确定是否还记得。韦斯利记得，正好插进我们的谈话“是这样，卡莉欧碧有一篇高中论文要第二天要交，还有一篇大学论文在一个月内要完成。所以你就”——他看向了妈妈——“想让她去完成那篇大学论文，而你”——又看向了他的姐姐——“想尽快完成第二天要交的论文。所以你好像说了句‘妈妈，快别说了，我今晚要完成那篇高中论文。’”韦斯利巧妙地、不偏不倚地回忆着这个故事。“而你”——韦斯利又看向他的妈妈——“老在强调你的观点，要完成大学论文。”

萨曼莎在等他说完，显然，也只能这样。

“你在那走来走去犹犹豫豫好长时间，”韦斯利说，“然后爸爸介入进来。”

萨曼莎一脸茫然，“傻透了，我为什么不让她把第二天就要交的论文写完呢？”

韦斯利圆滑地回答说，“是的”，他说，“你有后见之明，终于理解她当时的选择了。但在那个当口，你只想要她听你的。这就是持续争论下去的原因。”

这场争执，和其他大多数一样，都不是什么大不了的事。只是它搅浑了水面下的一些东西，激怒了萨曼莎。对于女儿的选择，她有她的看法，而女儿又有她自己的意见，萨曼莎觉得她的权威扫地。她甚至觉察到一丝卡莉欧碧对她意见的嘲讽。萨曼莎无法忍受这样的奚落。

“我不会为他们说过的狠话而恼羞成怒，”她稍后谈起两个孩子跟她对骂的经历时说，“我在乎的是‘语气’。”

“比如，我们说‘放松点’，”卡莉欧碧说，“或‘冷静’的时候。”

萨曼莎腾地一下从椅子上站起身，就像从弹弓上弹了出去。“是的！‘我的老天’，”她开始踱步，“这还不算什么，还有‘你并不重要。’”

“得承认，有些时候你太紧张了，”韦斯利委婉地说，“比如你提醒过我们十次钟点工就要来了——”

萨曼莎打断他。“那是因为当我说，‘记着，她明天就要来，’而你说”——她又把矛头指向那个委屈的15岁的男低音——“放轻松，妈妈，我知道今天是什么日子，活见鬼！”每个人都笑了，包括萨曼莎。“那就是我所听到的。”

传统观点认为青春期是学步期的再现，都是被一个顽固的、饥肠辘辘的、迅速生长的孩子所左右，都既自私又略显成熟。只是，当孩子遭遇青春期的时候，父母们面对的是完全不同的斗争。孩子小的时候，父母渴望属于自己的时间和空间；而现在，他们又希望孩子能喜欢自己多多的陪伴，如果说爱慕是要求太高的话，至少能对他们尊重一些。孩子寸步不离仿佛才是昨天的事，而今天就几乎得不到他们的任何关注了。

我偶然发现一项从1996年开始的细致入微的研究，旨在量化青少年和家人相处时间的减少。它跟踪调查了220位在来自芝加哥郊外的工薪阶层和中产阶层的孩子，第一次调研是从他们5年级跟踪到8年级，第二次是从9年级到12年级。在这两次研究中，工作人员分别用一个礼拜的时间随机抽访这些孩子，让他们说说都做了什么，和谁在一起，是否感到有趣。16,477次问答之后，结果是，除了睡觉时间，孩子们和家人在一起的时间从第一次的35%降到第二次的14%。

另一位布鲁克林区的母亲，那次在迪尔德丽家小聚的几位也和她相识，把她十五岁的女儿比作赛车手，“我把她所有的轮胎都换好，把车擦拭一新，然后让开路，”她跟我说，“她呢，飞也似地冲出去，而我只是个后勤工作人员。”

做一个后勤人员是需要很大的自我力量的。它意味着放弃一些权利给你的孩子，比如——本来在你这儿的决定权现在要移交给他们——还意味着，你要后退一步，接受他们重塑没有你的生活，或不以你的目标为中心的生活。纽约州立大学石溪分校的心理学家乔安娜·达维拉这样说：**“在童年时期，要尽力帮助孩子发展成他可能成为的人。在青少年期，只要对他们‘想’成为的人做出响应就好。”**

这是从父母的角度出发的一个善意的解释。从青少年的角度，就不那么好听了。“青少年，”亚当·菲利普斯在另一本随笔《平衡》中写道，“恨不得从这种桎梏中被绑架走也行。”父母们从孩子保护者的角色沦为狱守，还不停地被说好烦好烦。

的确，在艾伦·盖林斯基的《问孩子》一书中，有一个具体量化孩子如何挑剔父母的调查。我在前几章也提过，采访了一千多个3到12年级的孩子，主题涉猎广泛，对比鲜明。盖林斯基让参与的孩子在某一项上给父母评分。几乎每一个类目下，7–12年级的孩子对父母的不满意程度都要大大高于低年级孩子。比如题目有“参与了孩子的教育，在孩子沮丧时可以求助于你，花时间和孩子谈心，建立家规与习俗，知道孩子的生活里都发生了什么，善于管理自己的情绪。”只有不到一半的爸爸或妈妈被他们的大孩子给了A。（相对公平的是，小一点的孩子同样在情绪管理这一项给了父母低分。）

养儿育女最痛心的事莫过于子女的忘恩负义。（在莎士比亚的《李尔王》里就有这样著名的一句：“逆子无情甚于毒蛇。”）在青少年时期，这种无情还要佐以蔑视。尤其是这一代以孩子为生活中心的父母们，够他们受的。几个月后，当我再次遇到在迪尔德丽家见过的盖尔，梅的妈妈，她提到两姐妹小的时候，她把她们托付给阿姨的次数用两只手都数得过来。而另一面，她自己和她的姐姐在大一点的时候有一次被托付给阿姨两个礼拜。“你知道吗？”她说，“我们‘开心’极了。”但是她作为一个妈妈想多参与一些，她不想“缺席”。她也是这样做的。但两个少女可不这样想，女儿们已经到了坐纽约地铁不用陪伴的年龄了；梅，她的大女儿，开始对她吹毛求疵，她们间的对话越来越充满硝烟味。盖尔密集殷勤的参与并不能避免孩子们对她的排斥，或减少一点痛楚。

对付青春期疏离的张力已经不容易了，斯坦伯格认为雪上加霜的是，与几年之前如影随形、相对平静的那段时光的反差。一些心理学家指出，青少年在整个家庭系统中制造了突然的断层，破坏了贯穿大多数小学学年的家庭权威、礼节、和维持良好的等级制度。《布莱克维尔的青春期手册》一书中甚至说青春期为一个家庭带来的翻天覆地的改变是“仅次于婴儿期”的。权力要被重新商定，家庭需要改制，礼数也要重修下。“旧脚本，”斯坦伯格在《必经之路》中写道“不再适合新角色。”

这样来说，青春期的挑战就是最初那几年的重蹈覆辙：本来有规则有秩序有条理的；现在都没了。不仅要重复婴儿期的剧本，还有学步期的也要再上演一遍：又一次，孩子为争取自主而斗争，但这一次会用上更多的理论技巧和物质手段来实施他或她的计划。斯坦伯格在《必经之路》中提出一个微妙又大胆的假设，“我觉得我们低估了父母在孩子小时候进行身体控制的积极一面。我没有否定的意思。那种施加在孩子上的身体力量会重拾父母管控感和重要感。”

但是，青少年的父母们还是要学会一步一步地放弃身体控制，离开曾属于他们的舒适区。最后，只剩下话语权。这种转变可以说是解决冲突的一剂良药。突如其来的大喊大叫,（看起来）无来由的挑衅蔑视，这样的状况太多了；就如另一位布鲁克林妈妈（政府律师）所形容的，单纯的做事请求或捡起一件衣服都会“引发脾气”，还说“我儿子，你问点什么他都会火冒三丈。”不是所有的研究者都认为青少年是比小孩子更容易掀起战争的，但是都一致认为青少年挑战得更激烈也更有技巧，8到10年级的孩子也最容易与父母发生争吵。（上述结论是基于1998年的一次统合研究，综合统计了37个关于青少年和父母冲突的调查。）在这个阶段的孩子有更好的推理能力，会把父母的逻辑用奇怪的方式转而和自己对抗；就如任何一个十几岁孩子的父母都会对你说，他们知道你哪里会痛。

“我记得高中时没有几件事是能真正惹到我妈妈的，”卡莉欧碧有一次坦白地说。

萨曼莎撇了怀疑的一眼：“真的吗？那就是说——”

南希·达林的书中展开一个微妙的分析，对孩子为争取人身自由而进行的斗争提出不同看法。她说，大部分孩子对父母强加给他们的道德标准和社会惯例是没有反对意见的。“不要打架”，“要善良”，“清理干净”，“要征求同意”——这些都被认为是理所当然的。同样还有关于安全的问题：孩子们不会觉得被要求绑安全带是触犯了他们的界限了。他们反对的是父母试图干涉他们的兴趣爱好，这是个人喜好的问题：听的音乐，热衷的娱乐方式和交什么朋友。当孩子还小的时候，这些兴趣喜好爱好还没有引起父母们过多的焦虑，因为大多数都还说得过去。噪音？打扰？但还在可接受范围内。街对面吵吵闹闹的小男孩？一个小闹人精？他还只是一个小孩子。庞克摇滚？腻烦？那只是还不会伤到人的糖水而已。

达林说，症结是，青少年个人喜好的问题开始渗透到品行和安全的范畴了，而且常常界限难分："你和他出去玩？我不喜欢他驾车的方式和他推荐给你的东西。""你玩这种游戏？我不喜欢里面充斥的暴力和推送的女性信息，恶心。"达林在一篇关于青春期的博客中提到，即使是去教堂穿牛仔裤这样平凡的小事都能成为一个极好的例子。这是个性的表达问题？还是世俗的粗暴触犯？

常常是一些鸡毛蒜皮的喜好问题有着巨大的杀伤力。在萨曼莎家的餐桌前，她和我说了最近一次和卡莉欧碧的口角是关于碧昂斯的讨论。或者准确地说，应该叫做对碧昂斯的"误解"。萨曼莎浅薄地认为流行歌手和影视明星是不登大雅之堂的。她跟卡莉欧碧说她就是不明白为什么卡莉欧碧会崇拜这等俗人。

这种鄙视（后来才知道弄错了）大大激怒了卡莉欧碧，她想妈妈脑袋进水了吧。她喜欢听谁的歌是她自己的事，她的特权。但对于萨曼莎来说，这是个近乎品行上的问题：她觉得碧昂斯代表了一种错误的价值观，她的孩子崇拜这种人，她从内心深处感到失望。

在她们说着的时候，萨曼莎才发现自己甚至弄错人了。女儿在网上给她看了碧昂斯的照片，她立刻意识到她原来想的不是这个人。这反而让女儿更为恼火，让萨曼莎更为羞愧，也让这场争论更加没有意义。

斯坦伯格在他的研究中发现，许多其他因素都会使青春期的矛盾激化，正值孩子青春期的父母更易受很多其他因素影响。离婚就是其中一个：同样都是孩子处于青春期，在婚的和离婚的父母有很大心理状态上的差别。斯坦伯格猜测原因之一是，离婚的父母——尤其是母亲——和孩子的关系非常紧密，当孩子离开的时候她们会很受伤。

斯坦伯格还发现，进入青春期那几年，和孩子同性的父母要比异性的情况更糟一些。（他补充到，尤其是妈妈和女儿之间的冲突要更激烈——除了斯坦伯格，其他研究者也一次又一次地证实了这点。）斯坦伯格把这种困局比作突然打破的平衡：在青春期之前，父母们更喜欢与同性的孩子“亲密”，这就使得与孩子现在的分离要更痛苦一些。

但是，还有另一种可能。我在一次访谈节目重看到，一位已经长大了的孩子揭开一段和同性父母的关于身份认同的不快经历。她/他或回忆起当时的父母，或谈起在高中时的自己。“我觉得，在孩子的问题反射出你的问题之前，和他们相处还算容易”休斯顿大学“羞耻”问题的研究者布芮尼·布朗说，“当我们的孩子第一次没有在桌前得到一个座位，或没有被邀约，或被放了鸽子——都会触动我们。”

更复杂的是，孩子可能会再现父母年轻时那个可怕的少年。萨曼莎在迪尔德丽家时谈起卡莉欧碧时就说了这个话题，“有时看着我的孩子，”她跟这些妈妈说，“我感到可怕是因为，你仿佛看到了高中时的你自己。你不得不提醒自己：‘等等，我现在是个妈妈’。”

此外，斯坦伯格还发现，如果父母们没有点业余兴趣，不管是工作还是别的爱好以在孩子绝尘而去后来吸引他们的注意力，青春期也许会更不好过一些。有趣的是，在他的受访者中，不论是全心投入的父母还是不作为的父母，不论直升机父母还是遥控无人机型父母，都是这样。“有人想知道，在育儿中投入的大量精力是否有一个临界变量来衡量，没有的，”他写到，“没有为孩子感情投资的父母，也是不存在的”。**决定全职的母亲更容易有心理健康方面的问题。同样，没有业余爱好的父母，在工作中没有自我价值感的父母，视工作为薪水的来源多于自尊的来源。当孩子离开了舞台中央，聚光灯重新打向父母自己生活的时候，哪里充实哪里不满意就暴露无疑了。**

和贝斯的谈话，更证明了这一点。她是公立学校的老师，在迪尔德丽家里曾抱怨她十五岁的孩子“把心思没用在正经事上。”她有一个在念大学的女儿，这个女儿非常的好。她的青春期没有太多起伏；贝斯简直以她为豪。而她的儿子卡尔……他的青春期就完全是另一个版本了。她能控制色情内容的来源（哪个少年不对性感兴趣呢？），但是他对她的蔑视、咒骂，和对“星际”游戏无休止的沉迷——所有这些都把她折磨得筋疲力尽。她发现，比身心疲惫更糟的是：对自信心的打压，仿佛她所做的一切都是错的。他是个聪明孩子，考上了优秀的初中和高中，她也能看到他在学业上的努力，他在普遍问题的积极和主动性上的争取使每件事最后都会变成无聊的意志较量，一切都终会沦为一场战争。“好像不管我们要去哪”，她说，“叫他起床的时候，都会有一场激烈争吵。”她的情绪也随他而起伏。哪一周他们的关系缓和，她就感觉好些；如果他绝尘而去，即使这样就会减少争执，“我也会情绪低落。”

去年夏天，就是他要从大一升入大二的时候，有一次他懒得直接睡到没有铺床单的床垫上。“我就对他说‘卡尔，快起来，铺个床单在床上。’而他说，‘走开，你这个失败的妈妈。’”

刚过去的八月，她给他下了最后通牒：遵守家里的规则，要不就去找爸爸一起过。然后，他就离开了。在这之前，他几乎每个晚上、每个周末，可以说从出生起都是和她住在一起的。

“就感觉，‘我的人生目标呢？’”她说，“我从不认为工作、事业是可以是为之献身的事情。孩子一直是我生活中的No.1。”

现在，卡尔待在他前夫那里，而女儿又回到了学校，她发现现在一点也不期待新学期。“如果我的全部只有工作，”她说，“那我还想有点别的东西。”

一个好消息是，她写了一封信给卡尔，一封信给前夫，想表示关怀和理解、并把责任归咎于自己。她带卡尔去看精神科医生，想得到一个合理的解释，最终得出的是——一个再平常不过的诊断结果——ADHD（注意力不集中症）——而治疗方式也再平常不过——吃药。但一两封信后他的成绩有所提高。与她这种方式交谈之后，他给她留了这样一条语音信息：

嗨，妈妈，我是卡尔。我想说，我今天很开心，谢谢你。我知道我有点，恩，你也知道，我，呃，在电脑的问题上有点不负责任……总的来说，我从小时候到现在，我，你知道，都不算是个好孩子。我想说，我非常抱歉，谢谢你又一次把你的信任给了我，虽然我们过去有那么多的矛盾。我爱你，真的。

我们坐下来谈这些的时候，上面的留言已经是六个月前的事了。

她给我放了一遍听，然后说“我会‘永远’保留它”。

她没有强迫卡尔回来和她一起住。他也没有回来。他们的关系仍然有点脆弱，很容易反复。但是贝斯觉察出她在工作态度上的一个细微的转变。那年冬天的时候，她发现：她真的很喜欢她的学生。有几个让她感动和很依恋她的孩子——一个要她观看戏剧表演的男生，一位失去妈妈后从痛苦中坚强走出的女孩。“我在我儿子那里没得到的，在我的学生身上找到了，”她说，“感谢，这种联结。但是我还是要回到让我认识到这个问题的原点——我不能从我的家庭和孩子身上获得所有。”

婚姻的张力（第二部分）

“最近有一件事我俩有很大的分歧，”凯特说，“我觉得我是对的。”

她的丈夫李，一个五十多岁的灰发男人，给了她困惑的一瞥，“我甚至都不知道你指的是什么。”

“保罗家的派对。”

李吸了一口气，“但那是——”

“让我说说好吗？我对这件事很生气。”李欲言又止，挫败地坐到地板上。

这时气氛略显紧张。凯特和李在一起二十二年了，夫妻关系融洽：他们一起锻炼，一起购物，每晚一起吃晚餐；他们都在家工作，并努力保持着一致的步调。但是当他们的儿女进入青春期——一个15岁一个19岁——凯特发现他们充满活力的婚姻开始变化。那晚在迪尔德丽家的餐桌前，她直率地说：“这些半大的孩子在身边，我俩矛盾就会增多。如果他俩都不在家，我们还会好一些。”

他们家住在迪尔德丽家附近。这天早上，凯特和李就那个问题在家里谈了起来。至少都大方地去面对，这并不容易。

“如果孩子到别人家去参加派对，”凯特又重复道，“我想知道那家的父母是否有一位在场，如果他们不告诉我，我会打电话查到。”她打算这样，她也这样做了。“这次”，凯特说，“我稍稍动摇了一些，因为亨利的这个朋友是我们认为很可靠的一个人。”

所以她儿子去了那个派对，父母不在家。“那个孩子说了这样一个谎，”凯特说，“他告诉他父母要在别人家过夜，但他却邀请了他们年级的所有人，都把警察引来了。”当他父母回来后觉得很不好意思，发邮件向每一个受牵连的家庭道歉，并让儿子一个一个打电话致歉。

可是，我想知道，凯特和李又为何争论呢？

“我们是否应该不让他去，”凯特说，“李觉得这不是什么大不了的事。”

“我‘仍然’这样认为”李说。

“怎么会呢，”凯特说。“如果‘我们’不在家，家里搞派对，警察来了，我们的房子被翻得乱七八糟，那将是个噩梦。我不想让我的孩子去参加那样一个派对。”

如果青少年惹是生非、不听管教、不喜欢成人的陪伴，过不了多久，这些新状况所生出的张力就会蔓延到他们父母的婚姻。但是要给出一个量化却不是那么简单的。很多混合因素在里面——事业困境，健康问题，顾及年迈的父母——这些都不知不觉地搅在一起，让你分不清是青春期孩子的影响还是人到中年的共同趋势；而且，在透彻的熟悉彼此后，婚姻满意度随着时间的推移而稳步下滑的例子也屡见不鲜。（无疑，性生活频率也随之降低）。尽管如此，还是无法阻挡一些研究者对青春期这项影响的跟进，一些数据也得出，一对夫妻的婚姻满意度确实在第一个孩子进入青春期后有所下降——而且居下降原因之首。

事实上，许多研究都耗费大量的时间和精力来证明青春期的突袭和婚姻幸福度下降是怎么并驾齐驱的。一项2007年发表在“婚姻与家庭”杂志的调查，跟踪了188个家庭的孩子，细致到记录他们的“速长期，体毛的生长，皮肤的变化”——包括男孩的变声和女孩的第一次月经——为了证明夫妻婚姻满意度是否和这些变化一起徒然下降。答案是肯定的。

这种不和谐并不是注定的。也有一些夫妻会告诉你，他们在孩子进入青春期后，又重新安排了他们的夜晚和成人间的社交，就像有孩子之前进行的那些互动。加州大学洛杉矶分校的婚姻问题研究者汤姆·布拉德伯里指出如果一对夫妻经受得住他们第一个孩子的青春期，他们就是“幸存者”，婚姻的持久度会远超于平均值：“他们经历过更多的大风大浪，或多或少习惯了那些琐碎。”但总体来看，不管是实验室的调研还是临床数据，都似乎表明了夫妻关系的紧张甚于青春期带来的压力。加州大学洛杉矶分校的安德鲁·克斯狄森教授，在夫妻心理治疗领域有理论和临床的双重经验——因此常常亲历家庭的日常冲突，“真实体验”，而不是纸上谈兵——他就举了一些有青少年的父母擦出微妙冲突的生动例子：

我们从孩子身上难免看到自己的影子。我们又从配偶对待孩子的方式上看到他们对我们的方式。举个例子，我们说妈妈对爸爸失望是因为他不够有斗志——他有点懒，他没有在这个世界上达到他应该有的成功。然后她看到她的少年儿子表现出一样没有上进心的特质。她也许就会埋怨爸爸并没有给儿子做一个好榜样，害怕儿子也会变成懒鬼。但是如果站在父亲的角度，他看到妈妈用对待自己的方式来挑剔儿子，他就会保护孩子。“这可能是我们临床看到的夫妻冲突情节中最坏的一种之一”。

矛盾开始的那一天已离我们远去了，“我的宝宝在昨晚出生了，”或，“你整天都在干什么？”间接或直接地，冲突都是围绕着孩子是谁、将会成为谁而逐渐展开的。重新规划的问题、身份认同的问题现在都来了。而这也意味着一些竞争、嫉妒、反感都有可能出现。小孩子不会挑起这些，而那些“成年人”会。

把青少年和成人混为一谈会让矛盾升级。随着孩子的成熟，他们推理和共情的能力也发展出来，父母们就容易把他们卷入成人的争执中去，这只会恶化矛盾“你要把查理卷进来吗？”（一项有趣的研究表明，青春期女孩在父母还在一起的时候站到妈妈这一边会更有压力，而男孩是在父母离婚的时候会有这种感觉——这可能暗示了青春期男孩当爸爸不再回来时迫使自己成为妈妈的保护者。）

在《必经之路》一书中，斯坦伯格举了另一个例子说明青少年会加剧婚姻的张力。要首先说明的是，这个研究我还没有看到第二个。（也不知道有没有人去费心做这个。）斯坦伯格在一个男性研究项目中发现，当他们的孩子开始约会的时候，这些男性的婚姻满意度就会大幅下滑。“事实上，”他写到，“青少年约会越多，他们的爸爸就越会觉得婚姻不幸。”如果这个孩子是个男孩，斯坦伯格注意到，这种影响就会更甚。他推测，这也许是对那个无限可能的年华逝去的感怀和因爱生妒的综合作用引起的。但他承认还不十分确定是否可以把这个问题直接放到学科中去。

我们也不能仅仅因为青少年引进的新议题就低估了他们在夫妻关系上的影响。在孩子出生前，父母们不会去讨论这些家规，比如，约会、穿短裙、在外面待到很晚。“至少，喂奶和哄睡还是有培训指导的，”苏珊·麦克海尔说，她是宾州州立大学的发展心理学家。“但随后到来的青春期，你却不知道将迎来什么又该做些什么。”

尤其是孩子搞得一团糟的时候。“父母一个温和，一个严厉，”克斯狄森说。“这种情况很多，是个巨大的挑战。爸爸会分享他嗑药喝酒的往事，但妈妈会想起一些不好的影响。然后分歧就产生了。”

这种分歧，凯特和李似乎也有许多。在他们儿子的足球赛上，他俩跟和我说了一个关于女儿的分歧。尼娜，试图从商店里偷一条裙子，一次小小的尝试却让这个家庭付了高额罚款。他俩都认为是环境影响女儿做出这样非常规的事，她这种行为也是反常的——那是夏天，她刚从高中毕业，住在几乎谁都不认识的陌生城市。但他俩当时的反应却是大不相同的。凯特很生气，女儿打电话解释她都没有接。而李却去到女儿的城市安慰她。

“通常，”李说，“我不会严厉地指责她。我能感受到她有多糟。我去倾听她，而不是对事件作出反应。”

“但我担心的，”凯特解释道，“和那次的学期论文一样。”她提起了女儿交给老师的一篇上面还有李编辑痕迹的论文。“这样的事做到一定程度是会被抓到的，”她说，“这将会变成一种犯罪，会影响你的一生。他们必须真正地、好好地知道，这件事很严肃、很严肃。”

“但那又不是抄袭。”

“是的，但她被指责为抄袭了，还罚她的奖学金。”

“恩，好吧，罚款，那又怎样——”

“不，”凯特说。“什么‘好吧，罚款。’那可是一年两万美元。所以，不行。”

我们再切回到迪尔德丽家的谈话：

凯特：我对孩子非常非常严格，他爸也知道，所以他完全不是这样。我们今天还吵了一架。孩子会去找他说一些害怕对我说的事。然后他就会安慰孩子说没关系，再讲上一段自己的逸闻趣事。

萨曼莎：那也是我不满我丈夫的地方。他会大事化小。

贝斯：一样。我立规矩，他与孩子称兄道弟。

这种观点似乎是有数据支持的——最知名和庞大的要算密歇根大学一项从1968年开始的纵向研究项目。在最近的一次对3200位有10到18岁孩子的父母调查中，多到比例悬殊的妈妈们说惩罚的任务只落到自己身上了（妈妈占到31%，而爸爸只有9%）。妈妈们还反馈说给孩子设了更多限制：她们要比爸爸多出约10%的比例限制孩子看视频和玩电脑游戏；多出11%的比例限制孩子的线上活动；约多出5%的比例会控制孩子每天看电视的时间。

在过去约十年的时间里，南希·达林说，调查显示——也包括她自己——相当多的青少年都会直言不讳地对妈妈恶言相向，对爸爸就少一些，对妈妈还有更多的人身威胁（虽然不管男孩女孩也都会表现出对爸爸的攻击性冲动）。根据斯坦伯格的研究，妈妈比爸爸更容易与青少年发生争执，（也许是因为这种冲突的高发频率）也会把家庭压力带入到工作中。

这种复杂的力度强弱似乎就可以解释，为什么在孩子离开家后，爸爸要比妈妈更难受一些，与我们传统的观点正好相反。凯特坦言

后要缓和许多。斯坦伯格简明地点

少年开火，而是和他们住在一起。”

孩子的分离过程中去——和他们吵

终端接收器。而爸爸，面对孩子的

。

突的时候，我似乎清楚地看到了

他 ，是家里的外交官，他巧妙地淡

化 的母亲和姐姐，你能做的就是低

下

韦斯利，在我眼里有自制力、善

于 父母都会欣慰骄傲的他，凌晨四

点

准备迎接萨曼莎婆婆第二天的到

来 在这个节骨眼上，她的儿子，被

塞 在外面的“扔鸡蛋事件”——往

附近住家的窗户上投鸡蛋。

“我们没有意识到这是一种犯罪，”我们吃完百吉饼的时候韦斯利说。他平静地描述着，“我们只是觉得好玩才那样做的。”

没那么简单。不用说，妈妈才不那样认为呢。“被扔鸡蛋的住户里有一个孩子是和韦斯利一起玩棒球的，”萨曼莎说，“他不知道。”

韦斯利和姐姐互递了个眼色，其实他知道。

很显然，在这次交流前，萨曼莎不知道的事还很多。比如韦斯利是怎么瞒着她出去的。他得等到父母都睡下，朋友们都喧闹地跑出来。然后他偷摸下楼。过了一段时间，他动用更高级的方式“我从屋顶跳下去，”他用就事论事的平静语气跟她解释。“这样你根本不可能跟踪我。”

“等等。”萨曼莎经典式的反应迟钝，“什么房顶？”

“就是‘房顶’。我从我屋子的窗户爬出去，从房顶跳下，回家时再爬回来。”

萨曼莎目瞪口呆。稍后问“那你怎么进来的？”

“我爬上来的，”他说，“在栏杆上有一块大的东西能让我踩上。我不试还不知道我可以做到。这样就容易多了。以前，要费好大功夫。”

青少年上一分钟还让你惊觉为早熟的成人，下一分钟，你就会发现他们根本不是。他们为争取独立的突袭容易让人莫名其妙，就好像他们想尝试的不只是自主和决定权这些小打小闹，而是自己“必死的命运”——一路上也少不了法律的仁慈和宽恕。

关于学步儿的神秘可爱的言行，有着明确可查的神经元基础知识。就在二十年前的时候，还没有研究者对青少年的大脑进行充分的研究，误认为青少年本质上就是成人。但是最近，随着磁共振成像的出现，能够更好地检测脑地形图和脑功能，研究者发现，青少年是会适当地评估风险的。B. J. 凯西，康奈尔大学威尔医学院的神经系统科学家，却指出了相反的观点：青少年“过高地估计了”风险，至少是在和他们性命攸关的情况下。关键问题是，和成人相比，他们高估了冒险所带来的“回报”。这是多巴胺作用的结果，刺激兴奋中枢的荷尔蒙在一生中的任何一个阶段都没有像青春期这么活跃了。我们人生中也再没有哪个时期如此容易感到紧张和欣喜若狂。

把事情变得更糟的是，大脑中统领高层执行功能的前额皮质——计划和推理、抑制冲动和自我反省的能力都出自这里——这一部分在青春期会进行关键性的结构变化，这种变化会持续到中年或近三十岁的时候。

这不是说青少年就没有推理能力了。进入春期前，前额皮质进行了一番剧烈的波动，以准备充分让孩子更好地掌握抽象概念和理解观点。（以达林的看法，这些新能力就是造成青少年喜欢争辩的原因——也确实如此，而且第一次就很激烈。）青少年的前额皮质还是在不断地增加髓磷脂，这种肥硕的白色组织加速了神经传递，改善了神经中枢的链接，这就是说，青少年还无法预见长期后果，也不能像大人那样对复杂的选择深思熟虑。他们的前额皮质还在形成和巩固大脑中原始部分和情绪部分的链接——这些被统称为大脑边缘系统——也就是说青少年还没有达到大人的自制力。他们也缺少智慧和经验，所以常常会花大量的时间激烈地争论一些在老练的大人看来有些空洞的观点上。“他们是凭着感觉行事的，”凯西说，“如果他们只有一种经历的话那就是“激烈”。在这一时期，尚未有其他的经验，所以造成了他们行为。”

后来，研究青少年大脑的学者们开始用一些象征和类比来形容他们过度的行为。凯西引用了《星际迷航》：“青少年们更像寇克舰长而不是斯波克。”斯坦伯格把青少年们比作油门动力十足却刹车爆弱的轿车。“然后父母们就要和他们起争执，”斯坦伯格说，“因为想成为他们的刹车系统。”

充当别人的前额皮质，是件冒险的事。但是忍住冲动不去做这样的事也需要很大的自制力。这就意味着要让孩子自己去犯错误；不亲身经历不会懂得自制，这是个痛苦的过程。

让问题更复杂的是，青少年的大脑还容易对某物上瘾，比成人更有依赖性，因为他们这个时期的大脑在多巴胺周围生成大量新的突触连接，许多人性潜在的软肋会在这个时候跑出来兴风作浪——酗酒，嗑药，电游，色情——这些在他们身上有着更持久和更强烈的影响，也更具诱惑力，而这些习性又难被打破。“我想过如果我把儿子锁起来，一直到关到21，我就万事大吉了，”凯西说。“但是在封闭的状态下大脑是不会成熟的，少年是从经历中学习的——不管好的，坏的，还是丑陋的。”

如果说有什么可以安慰的话，B. J.凯西和她的同事推断，从进化的观点想想为什么常常是寇克舰长而不是斯波克取得胜利，就可以平息控制青少年心智的想法。人类是需要诱因才会离开家庭这个安乐窝的。离家是危险的；艰难的。独立是需要勇气和经验教训的，甚至是有决心的义无反顾。

科学作家戴维·多布斯在2011年的《国家地理》杂志发表的一篇关于青少年大脑的文章，就是从他的亲身经历开始讲起的，他回忆了他大儿子17岁时，因为开车超过时速113英里而被警察带走。他写到，整个事件中最让他难以理解的是，他得知儿子把车开得像个疯子并不是偶然事件，他是计划好的，他“就是想要”开到时速113英里。但实际上真正让他感到恼火的是，警察给他儿子开了一张疏忽驾驶的传票，“‘疏忽’听起来是你不小心才那样的，”而他跟父亲说，“但我是有意的。”

当我问起韦斯利为什么要往邻居家扔鸡蛋时，他同样如实地回答了一个类似的解释。

“因为我想那么做，”他答道：“没什么原因。”

为什么会有这样的特别行为呢？

他饶有趣味地看着我。只有成人在这种情况下想要一个符合逻辑的解释。逻辑，是瓦肯人[①]的特点。韦斯利几乎用不到它。

“无意识的，”他回答，“即兴而为，扔个鸡蛋，看起来很有趣。”

无用的青少年

历史上的观点认为：有可能——只是有可能——如果他们有更正面更有意思的方式去表达喜欢冒险的那个自己，他们也许就不会往房子上扔鸡蛋、在高速上开到时速113英里或沉溺于其他愚蠢的行为中去。这个理论来自于伯克利大学的心理学家兼哲学家艾莉森·高

① 虚构科幻电视剧《星际迷航》中的一种外星人。

普尼克，她说：现在的青少年会制造大量的“奇葩事件”（她的原话），因为我们的文化没有给年长的孩子足够的机会去进行有助益的和实质意义的冒险。

她不是第一个提出这种观点的。早在1960年的时候，玛格丽特·米德就曾诟病过当代青少年的温室生活是会剥夺他们尝试另一种“假想”人生的可能，在这种可能里，他们能够安全地去体验他们想成为的人的那种生活；这种剥夺的后果就是大量的宣泄行为。在近期一个访谈节目上，美国国家心理卫生研究所青少年脑领域的研究员杰伊·吉德就这个问题有一个很棒的形容：“石器时代正与现代奇葩交相辉映，不只是一些有趣的轶事，也会导致更多的后续影响。”比如骑摩托车不戴头盔，站到正在行驶的地铁车顶上——这些搞惊人表演的孩子们都理直气壮又让人可悲地认为，这样很好玩。

不带传奇色彩和夸大其词地回望过去那些优势，值得一提的是，那时青少年多余的精力有更多有意义的发泄出口。史学家史蒂文·明茨在《哈克的木筏》一书中写道，美国建立初期，“我们认为的一些早慧和少年老成等现象在那时是司空见惯的。”他提到埃利·惠特尼在16岁进耶鲁前就开了自己的制钉厂。赫尔曼·梅尔维尔12岁就辍学，“到叔叔的银行工作，在帽子店做过店员，当过老师，农场劳工，和捕鲸船上的小工——这些都在他20岁前。”他还提到了乔治华盛顿，17岁就成为了一名库尔佩伯县的政府测量员，20岁时在军队里担任少校。而托马斯·杰斐逊，在十四岁时失去双亲，16岁时就上了大学。“十八世纪中期，”明茨写到，“为青年的抱负和天资提供了很多机会去为这个世界留下一些印记。”

但到了二十世纪，随着死亡率的降低，越来越多的父母得以存活下来继续监护他们的孩子，越来越多的孩子幸免于夭折。家庭变小，进步主义时代的政策也更加人道，法律禁止使用童工，普及公立学校和义务教育。（在1880到1900年间，美国的公立学校的数量增长了750%。）到处都是良性的发展景象；没有人再追念狄更斯笔下滥用童工的年代。即使如此，当时还是有社会批评家怀疑这些新法律是否无意中剥夺了孩子们的勇气和独立性。在1924年12月刊号的《女性公民》中，一位作者大胆地提出疑问，“只是放学后踢踢球而不用被迫做苦役的社会体系下，是否还能出现林肯这样的人物”。《女性公民》并非对进步事业怀有敌意的刊物。它在同年还刊登过一篇玛格丽特·桑格的随笔“控制生育这件事”。

不论怎样，在第二次世界大战后，年长的孩子不再是劳动力的主要角色。这种转变把美国的成年人汇聚到一条单一的高速公路上，几乎所有孩子都在用相同的速度被安排着相同的规划：公立学校，从幼儿园到12年级。

你可以强调说学校也为青少年提供了冒险的机会，但即使有的话也只是一种延伸。（如果有的话，很容易联想到一些课外活动——体育运动，或音乐剧——只是不在学校里而已。）不是所有的孩子在学校都是好学生；在不同的领域，每个人都各有所长；美国的学校，应试教学的狂热和标准化的课程，不能很好地适合那些个性化差异。如今学校教育的规划与管理之严，没有灵活性可言——冒险机会几乎没有。

你也可以强烈地提出相反的观点：“假想”时期的消失说明了被

学者称为“成人初显期”突然出现的原因。处于青春期末的大学毕业生，住在合租宿舍，从一个低薪工作跳到另一个，想象着他们理想的住处与工作。这个时期，是新的“假想”阶段，通常在大学毕业后，是一段安全实验的阶段。一些批评家称这一时期是“青春期的延伸”。但其实不是，你想想看：如果“成人初显期”是青春期，他们第一次有机会真正去体验和找寻自己，而此类尝试他们早在青春期就理所当然地做过。

一旦孩子们被同化和区分开的时候，其他事也随之发生了。他们开始发展起自己的文化。这种文化被大众传媒和二战后兴起的广告时代鼓吹得庞大。商业市场围绕着引领潮流文化的青少年展开。四十年代，在美国字典里出现“青少年”这个词也并非偶然，1941年在《科学月刊》和《生活》杂志上第一次以铅字的形式出现。（“他们生活在充满帮派、游戏、电影和音乐的快乐世界里。”摘自《生活》杂志）。也是在这个时侯，现代式童年和大众传媒同时诞生。“第一次，青少年们有了共同的经历，创造自主文化，”明茨写到，“从大人的监管下解放。”高校成为了社会监督的焦点。《青少年社会》生动地描绘了美国中西部的高校文化，在1961年成为一部社会学的经典。

随着二十世纪的进步，一个悖论也逐渐形成了。孩子花在同伴上的时间越多，他的独立性就越强；这种独立性越强，他们就越不受父母的影响。但是，虽然青少年越来越多地独立生活，对父母的干涉也避之不及，他们却发现自己越来越多地需要依靠父母的经济支援（车，钱），情感支持，和与越来越复杂的世界的对接帮助。

结果是，现代的青少年，被指责成既难驾驭又无助的群体。就好比，又是野马又同时是被圈养的小牛。奥地利的心理学家布鲁诺·贝塔汉姆在1970年代说了这样一句妙语“我们最清楚是什么让他们如此行为，却又最不愿意和他们生活在一起。”

近几年，缩短这种代沟的方式出现了。当今美国的青少年被重度保护，世界也比他们父母当年的要丰富得多，大多家庭都是非传统的组成方式。因特网把更多的性、暴力和现实生活中的恐怖展现给他们（名人的色情录影、恐怖袭击中被肢解的尸体、萨达姆的悬尸照片），比以往任何一代人都曝光的更多。当今青少年对世界经济的不稳定性也有更多的了解，他们当中只有少数来自传统中产阶层。从父母的角度说，一如他们曾经被侵略性地保护过一样，他们也是如此来对待孩子，但是相比于上一代的父母，他们要更开通一些，对性、嗑药、摇滚等也更资深。虽然他们不如孩子那样对消费和潮流文化驾轻就熟，也被同样的电子云包围着：他们都读过《饥饿游戏》、看过《胜利之光》。“换句话说，”霍华德·丘达柯夫在《玩耍的儿童》一书的结尾中写到，“孩子们‘梦寐以求的时代’开启了，而大人的没落了。一个11岁的女孩不会再要毛绒、消防车，而是‘疯狂美式橄榄球’电游，一部手机，一个iPod，或一张碧昂斯的CD。而一个35岁的人，可能也会依然兴奋于买一台‘疯狂美式橄榄球’电游，手机、iPod或碧昂斯的CD。”

但是，存在于青少年身上的悖论——既无助依赖又无礼叛逆——也在好几种形式上加强了。

为什么？因为比起以前，当今的青少年，是全日制的专业学生，高度架构好的环境使他们留守在家，依赖家庭的经济支持，而且似乎永远这样下去。而他们的父母，一直把他们当做生活的中心，比之前几代的父母花更多的时间保护他们，关切他们。这些种种都“串通一气”妨碍了他们的独立。“我俩当时都比他们现在更独立，”凯特说。在看她15岁的儿子踢球时，她提到了还在念大学的老大。“尼娜，她做的每件事都要回来让我们给些意见，我从来没和我妈那样过。”

“是的，我也不总去问我父母。”李同意道。

“不是回家签到那么简单，”凯特说，“是要和你核对该怎么做。”

与过去的三个世纪相比，现代青少年和同伴呆在一起的时间要更长。与此同时，突飞猛进的技术革新与大众传媒的影响，使他们变得社会化——或正在社会化——他们的种种让好多父母都云山雾罩的，虽然父母们也在用脸谱网（或叫“Myface”，希拉里在罗格斯大学的一场演讲中，也无意地总结到这个问题）。当我问起盖尔，梅的妈妈，对她来说，养育青少年最难的一件事是什么，她毫不犹豫地回答：“不明白，或者说不是确切地知道，他们在干什么。”她想起她的小女儿在九年级的时候，告诉她要在朋友家留宿一晚。女儿给她打过两次电话告知一切安好。第二天早上，盖尔接到港务局一个年轻的官员的电话，想和她确认她女儿是否得到允许在新泽西留宿了一夜。她并没有允许过。是女儿的一帮朋友想去，而手机很容易蒙骗过去。

科技与透明度

自从青少年文化开始萌芽，他们就倾向于离开父母，而新科技又给了他们一个全新的模式来维护他们的自主和期望。“让人崩溃，”

克莱·舍基说，他是纽约大学新媒体哲学家。“因为伴随你成长的事物对你来说是正常的，伴随你父母成长的对他们来说也正常，但两代人之间就不是那么回事了。”

大多媒体的革命常常掀起公众焦虑的风暴。社会科学家在二十年代就认为电影“为平淡生活和疯狂派对注入一种渴望，也对青少年犯罪有着显著的推波助澜作用，”明茨如是说。而几十年后漫画的影响就更糟了。精神病学家弗雷德里克·魏特汉，同时也是声讨犯罪的畅销漫画书作者，在1954年同司法委员会的成员说了这样一句话：“主席先生，如果我有责任来教唆孩子行为不良，告诉他们如何引诱和强奸女生，伤害别人，如何闯入商店，欺骗，如何造假等任何我们所知的犯罪行为——如果我有责任要那样做，我就会去赞助犯罪漫画书产业。”

也许当今最大的不同就是科技发展的太快，父母们难以跟上脚步——而他们孩子的大脑是可塑的、易受影响的，能及时适应这种快速的发展和改变。这种适应转化成感受力的本质不同，最终混淆了父母和青少年的力度强弱，即使两边的出发点都是好的。

举例来说，现代的青少年有着不同的时间观念，做计划和礼仪方面与我们有所不同。菲奥纳，也是这群妈妈淘中的一位，她是这样说的：“如果我女儿说，‘明天想去市中心约见一个朋友’，我说，‘你准备几点去？’她却说不出。还没有计划好。他们的生活充满随机性。”

我问为什么这会成为一个问题。

“因为我喜欢有计划！”她说道。“他们不知道电影几点开始，可能见面就吃个披萨，他们也不知道要干点什么——总拿着手机，可以到时再决定，看情况……”

成人和青少年都可能带着手机，但青少年把它们作为跟踪装置，就像美国宇航员在坐标网格上跟踪航天器一样。他们总在发短信追踪彼此的去向；也总有一种直觉力知道同伴在哪。所以他们很少做紧急/临时计划（也没有哪个青少年善于列计划）；编些谎话就可以溜之大吉了。但是他们的父母——是要对他们的生活和安全负责的——也恰恰有着恪守时间的执念，遵守日程表和口头协议，和其他具体而清晰的方式。“对长辈来说，”社会媒体人类学家米米·伊藤说，“确实也要开通通信手段——常常是手机——但也只是为了面对面地见个面。青少年却不是这样。他们的“缺席”是因为他们一直在线。一直拿着电话，这就意味着迟到再不是什么大不了的事。”

这些感受力，还有对时间和社交的整体观念，就是父母为迎合青少年的独立需求却遭挫败和迷茫的根源。他们想提高孩子的独立和充实生活的能力。但是却在这个过程中免不了被要（“我们一会不一定去吃披萨，可能到山姆家，也可能去杰克那”）。

当孩子玩电游的时候，管理问题也跟着冒了出来，伊藤补充道。这些游戏“确实诱惑人，”她说——也意指其他设备——“他们没头没尾地玩。”当他们总是试图让孩子停止玩电游来坐下吃饭的时候，就得强加人工边界，靠孩子自己是停不下来的。

青少年对各种设备易如反掌的操控，使家庭的权利结构颠倒，这也许是最让父母棘手和混乱的。14岁大的孩子成为这座房子的技术大总管，父母们要来问他们新电视上的潘多拉（播放器）在哪里，或者如何用苹果手机关上所有的窗户。爸妈们表达了面对他们周围各种新电器的那种无力感——包括那些他们想要掌控的机器。

“不止这些，”舍基说，“这个社会让做父母的形成了这样一种观念，即一些事情还得经过他们的孩子的允许。比如要求你的孩子在脸谱网上加你好友。”在迪尔德丽家小聚的每个人都在讨论这件事。有些妈妈是他们孩子的“好友”，有些不是，有些访问受限。贝斯跟大家说她被儿子加好友又取消好友几次，但女儿的生活一直都是向她全面敞开的。萨曼莎说她女儿首先告诉她，“不加成人好友”是她的原则；结果她后来却和萨曼莎表妹成为“好友”，也是五十多岁的人。迪尔德丽通过丈夫对孩子保持密切关注，她丈夫上脸谱网，她没有。“和孩子加好友——那是没事找事，不管加没加上，”舍基说。如果你的孩子答应，你会看到你不想看到的事；如果他们不答应，你会有受挫的感觉，老是想知道孩子的主页是否有不放心的内容。“这是个新问题，”舍基说。

在社交媒体出现之前，电话和电视都是屋子里的半公开设备。即使孩子们带着家庭电话把自己锁在卧室，父母们也知道他们在那，和朋友说着话；巧妙地问两句，兴许还能不着痕迹地挖出他们在和谁讲。电视也是一样：即使父母们不喜欢孩子正在看的节目，他们只要随便撇那个小黑洞一眼就可以知道，演的是什么，大概什么时候结束，另一集又是否将要开始。

“可是手机和脸谱网多么不同，”达林说，“就没有一种消极监控的方式吗？”

这是个关键词，直到达林接上茬儿：“消极。”“你要学着接受，”她说，“把这些事看成侵犯个人隐私，它就是‘主动’的。你得好管闲事一些，感觉就像个间谍。”

对一些家长来说，这一步很难迈出的。这就意味着，明知道这隐私的可贵（别忘了，他们也曾年少过），还要给自己发个许可证去侦探；从某种程度说，孩子们对隐私有着更加神圣的概念。当然，父母们总是探东探西。常常会有迅速偷看女儿日记的妈妈或在儿子房间搜搜烟头的爸爸。但是现在来看打探是必要的了，不能漫不经心了，因此就显得格外侵扰；但也奏效。现在有不止一种设备或平台可以考虑作为监视器（脸书，轻博客，网络相册，手机短信，手机相册，Xbox时间），以上所有几乎都需要懂一点的人去涉猎。在迪尔德丽家的这群妈妈围绕着这个话题说了一圈又一圈，又讨论起了监视（或者说“潜入”，孩子们这么叫）的道德问题。一位妈妈说她向女儿保证再不看她的脸谱网，并说到做到；另一位说她从没有这样承诺过并一直在察看。直到迪尔德丽点出了一个更容易让人失控的事实，这一桌的空气都要凝固了：她们意识到，真正的挑战，不是给自己发侦探的营业执照，而是接受她们所发现的。

“有一次，”迪尔德丽说，“我找到的东西让我整个人都歇菜了。我丈夫说，‘迪尔德丽，也许你不需要这样，这样只会让你心烦。’”

“的确，”贝斯说。“有时我宁愿不知道。”

因为去了解意味着要冒险看到难以接受的东西。孩子在派对上烂醉的照片，有人把它贴到了脸谱网上。你女儿在手机上的裸照——还没有发送出去，你绞尽脑汁地想弄清——为、为什么会有这些照片？一会要发送给某人？还是他们只是想照一下试试，看看自己什么样？（贝斯就有过这个经历。）凯特，也发现过一次，看到他儿子为达到兴奋制定计划。“我喜欢看到我不想看的东西吗，”她颇具修辞地问到，“喜欢去面对我都不知道是什么的东西吗？”

“我们长大那会，”舍基说，“也曾真真切切感受过酒精，如果不想带着一身杜松子酒气回家，也会有个地方聚下”——这是心照不宣的。“而电影院又是公认的可以接吻的文艺之地。我们有一套套父母们心里有数却不点破的借口。但是现在这一切都不一样了。”

讨价还价的砝码要重新谈判，还要想出办法应对那些谁都能修改和破坏的透明对策。在这个过度时期，没有什么是正常的，爸妈们也比以往更加迷茫，这就是生活。有时，“不要问，不要说”的政策要比揪住一丝可能抓着不放更好过一些。

对欣然接受的父母来说，这些科技也可能意味着好的一面。线上世界的诱惑使孩子们常常把轻率的言行挥发在安全的卧室，而不是会有人身伤害的真实世界里：“电子产品有时让事情变得简单，”贝斯和这群妈妈说，“因为他们把让人头疼的事都在网上做了，不是像我当初那样。”

“我知道，”盖尔同意道，“我老是想让他们出去。但是他们无聊的时候总愿意呆在家里。”

手机短信可以又快又简单地和父母频繁交流，还不露痕迹——举个例子，比如在一个每个人都醉得无法开车的派对上。父母也是一样，当他们鞭长莫及的时候，可以发个短信说声嗨来时时监视他们的孩子。

青少年如何利用这些新技术几乎成为现代青春期悖论中的一个隐喻：他们在你的眼皮底下，做些你不知道的事情，还用着你花钱买的电脑。

他们用手机隐瞒过夜的地方，在大学里用短信告诉你新室友的情况。（据明德学院的心理学教授芭芭拉·霍弗的数据，大学新生的前半学期，和父母联系的次数是每周10.4次。）现在的科技把青少年的双重存在扩展并增强了。他们和家庭是超联通的，但是他们又同时过着相当独立的生活。

谁更好一些

我们再回到韦斯利的鸡蛋事件。我问萨曼莎那晚是如何回应那段小插曲的。

“我有点逃避，”她回答。

“直到现在，”韦斯利，两眼盯着前方，“还是。”

她是如何“逃避”的呢？

“就在这个厨房，我叫喊得像一个歇斯底里的人。”

我问她，会有一种自我怀疑的感觉吗？觉得做错了什么吗？

“没有，”她回答，“我当时在责备另一个孩子。我觉得韦斯利是不会自己想出扔鸡蛋这样的事。也许我错了，但是……”

韦斯利打断她。“完全是我发起的。”他直直地看着她。

“有意思。”萨曼莎这次稳住了情绪。吸引我的是她思维的跳跃。“你知道，我觉得我是有点责任的，”她说，“因为我也曾经在车里放着橡果子，要是有谁惹我了，我就用橡果子扔他。我当时真希望我握的是鸡蛋，但我从来没有向谁扔过鸡蛋。”她不确定地望向她的儿子，“所以我想他是不是有点遗传我。”

我想他是有点。但那并不是问题所在。关键是她能够认同他的冲动行为。因为她也曾有过。

青少年的不良行为引起父母深深的恐惧。如果读了精神分析学家亚当·菲利普斯在这个专题上所说的，原因不是这些行为的陌生性。而是因为，这些是如此熟悉，都似曾相识。

成人如数家珍的，比如，想发脾气。（如我在前面提到的艾伦·盖林斯基的《问孩子》一书中所说，在父母控制情绪这一项上，孩子们给打了最低的分数。）还有这些诱惑也再熟悉不过：邮件，电子游戏，脸书，网络色情，短信，色情短信。还有这些冲动：醉酒，出轨，向老板挥拳或朝吵闹的邻居窗户上扔鸡蛋，成人也都有过。在迪尔德丽家的厨房说到某一点时，萨曼莎突然随口说出："有一次我离开家两天。"

"我以前经常那么做，"贝斯安慰地说道。

"是作为一个成人，贝斯！"她回答，"作为父母，我离开家。"

"成人，"菲利普斯写到，"也不比青少年好多少。集中营就不是青少年干的；青少年也不是酗酒者和百万富翁的主力军。"

在菲利普斯来看，唯一不同的是，成人和他的冲动相处的时间更长，因此，幸运的话，会学着容忍它们而不是表演出来。哎，**成年期不过被认为是："一个克制的"或（甚至更可以说）"一个训练有素、严于律己的精神病"阶段。青少年只是提醒我们这些愚顽仍躲藏在我们体内，随时等待跳出表面。**

我们有多讨厌这种混沌就有多嫉妒它。但是作为成人，能做的只是升华这些感觉，而不被允许直接释放它们。"青少年，和他们那些曾经为青少年的父母,经历的是两种无助感,"菲利普斯观察到。"这种无力感是基于体验，也基于缺乏体验。"

在《哈克的木筏》一书中，明茨就指出，虽然成人看待青少年的问题就仿佛他们是古怪又不同的，其实他们自己也一样起起伏伏地跌落在成人的问题上。如果你去查一下二十世纪最后二十五年的数据，吸烟、酗酒、嗑药、未婚先育和暴力的趋势在这两组人中间有着一样的涨幅曲线。因为成人喜欢把他们的情绪压到内里，在另一代面前，他们相信自己能控制住。

或者不能。贝斯的前夫，迈克尔，是一个戒过瘾的人。他是在十八九岁的时候开始滥用毒品和酒精的，一直到二十八九岁。现在，他五十了，是负责安全系统的工程经理，又和一个律师结了婚——他觉得和他十几岁的儿子和继子在一起的时候，自己绝大多数时间都表现得像个孩子。"我可能要堕落到他们那个阶段了，"他喝完咖啡说，"没少和他们瞎胡闹。"

他说这些的时候很开心。让我有种感觉，那些能说出来的快乐之一就是有十几岁的男孩围绕膝前，至少对他来说，可以有机会一起玩曲棍球，或沉溺于各种玩乐打闹。但同时，他又是冷静的，不管怎样他都知道一个成熟的成人生活需要什么，"你得打造一个家，"他严肃地告诉我，"用砂石建造的家。"

追忆、梦想和回响

也许，青春期之所以对父母这么有压力，是因为：在这个阶段，我们对自身的考虑和对孩子的一样多。幼儿和小学时期的孩子会使我们有所取舍，做什么和不做什么甚至都可能唤起我们的追悔之心。但，这是青少年，他们常常让我们有自我批评的感觉。也是他们，当不再需要我们的那一刻，我们不得不重新审视自己将要扮演什么角色又要为自己做些什么。是他们，以最初的成人形态反射着我们，反射着那些育儿决策的总和，让我们看清曾走的那些路是否正确。（但是青少年们仍是未定性的，还在发展过程中；还有待时间来改变航向，如果需要的话。）

有青春期孩子的父母是劳伦斯·斯坦伯格的研究课题之一，他请受访者填一张“中年反思表”，内容有这样一项：“我希望自己有机会，带着这些已知的事情重新来过一遍。”几乎有三分之二的女性受访者和一半以上的男性表示常常有这种想法。

斯坦伯格把这个研究结果写进《必经之路》一书，就这个问题画了一道关键的分割线。他指出，这个题目并没有问到受访者是否想再做一回青少年。在接下来的访谈中，斯坦伯格发现，成年人在中年真正渴望的是年轻时的喧哗和自由，却又不想要再回到青春期。“他们想要的是，”斯坦伯格写到，“再过一次成年期”。他们的青春期，常常被一大堆“清单”所困，因为没有全局、长远的观点来面对这些生活的选择。“在工作、配偶或生活方式的选择上摆摆不定、疑虑重重，”他写到，“渴望另一种生活。”

盖尔就正在“盘点清单”。一个周日的早上，我坐在她洒满阳光的厨房，她的三个青春期孩子，一个14，一个17，一个20，悠闲地走来走去。她跟我讲了一段假设的历史。这段磁带并没有倒到开头，她是从离家上大学开始讲起的。“如果我能花更多的时间在高中好好学习，”她说，“我就能去另一所大学，早点修完，也许就能早点做上另一份工作，把我引上另一条不同的路。也许在我的人生规划中，那将是一个更好的选择。”

盖尔的选择是，做一个全职妈妈。当她做这个决定的时候，有着充分的情感诉求支撑着她。“我辞掉工作是因为我忍受不了和孩子分开，”她说这些的时候，她的女孩们在厨房进进出出。“出去一小时，去个银行，我也会受不了。”她压根儿就没有想过像她少数几个朋友那样继续工作，找人代替看孩子。那不是她能去主动做的事。“现在我会想，‘我是个什么角色呢？’”她问自己。“我有三个‘女儿’，才辞掉了工作？我上了大学并毕了业的！”她摇摇头。“如果他们是男孩，也许我就不会这么困扰了。”

她的孩子也有注意到她的选择。“莉娜”——她第二个孩子，17岁——“对我说过，‘你为什么不再工作了呢？’我回答，‘我想和你们呆在一起。’”

你知道莉娜怎么回答的吗？

“莉娜比较客气，她没有说‘我其实不需要你。’但她们一直都不太需要我。我呆在家里的时间太长了，现在才知道。”

当她的孩子们遭遇青春期的时候，盖尔想过调转航向。有一段时间，她在公立学校谋了一份老师的工作，她之前也接受过这方面的培训。但是在这样一个经历着滑坡的阶段找工作——53岁左右——不是件容易的事，又没有一套鼓舞士气的公式去套用。“如果你注意一下学校，”她说，“你知道，‘老师年轻又有活力’这听起来多棒。而我，多少有点受打击。我认为我是有活力的，但是不年轻了。”

而且，这些年来她还不得不面对全职在家这个决定带来的经济后果。她想起梅高二时带她出去的一次自驾游，到纽约州大学联盟里的几所学校去转转。她们当时大吵了一架。梅觉得有几所很低档，申请是在浪费时间。“我当时就说，你得够‘优秀’才能上最好的大学，”盖尔说。她和她丈夫就是在这些“低档”学校就读的，她丈夫经营一家小型邮递公司，生活还能负担得起。

等梅又大些，盖尔常跟她传达这样一个理念，只要你足够努力，就能上你想去的大学。这是一个用爱编织的幻觉，也颇奏效——让梅有安全感，让她更乐观，让她在这个时而可怕和艰难的世界里更自信、有力、积极地前行。“你要把孩子培养成让他们觉得这个世界上的机会是他们的，”盖尔说。“有时会莫名其妙地想，‘哦，我要赚足够多的钱，’或者‘哦，他们会得到美式足球奖学金。’然后，突然间，他们就18岁了，这种感觉就像‘哦不，你别去上大学。’”

那次自驾游中，梅要妈妈摊牌。阅历有限的她用锐利的眼光检视着这些学校，然后宣布她不喜欢。这时，盖尔才意识到她施的那个魔咒，那个她热衷讲的假话，像在梅身上起的作用一样也在麻痹着自己。“我们，”她和我说，“都生活在那个梦想的世界里。”

爱利克·埃里克森，二十世纪最具创新的精神分析专家之一，他从人类生命周期的角度阐述了有关存在主义的那些特定时刻。提出我们所有人都会经历人生中的八个发展阶段，每一阶段都会佐以一场特定的冲突。他把这种模式延伸到成人生活中，给这个理论一个有力的加持。他认为成人期是一系列的转折点和呃逆期，而不是一段完整的前进过程，在这一期间他所划分的那些阶段也让人认同。

例如，他认为，**在成年早期，我们必须学会如何去爱，而不是迷失在自恋和自我保护的迷雾中。在成年中期，我们必须思考如何过一种有所作为的生活来留下一些什么给后代，而不是败给惰性**（“再生力VS停滞”，他这么比喻的）。**接下来的挑战就是，要学会如何整合我们所经历的和我们所做过的各种选择，而不是向生活低头/自暴自弃/自怨自艾**（“整合VS绝望与厌恶”）。

一些现代的研究者认为这些成年阶段有点言过其实了，甚至有些想象的臆断。但是和青少年的父母们的表述确实吻合。他们就像盖尔说的一样，希望竭力避免这种停滞不前的现状，虽然已经没有那么多职业选择的余地了；就像盖尔说的一样，回望过去，把曾做过的选择整合成一个能惟以度日/继续下去的故事。（用埃里克森的话说：“这是一个人对唯一的生命周期的一种接受，接受一个人变得不可或缺，就像事物不可避免地发展到那个地步一样，没有选择/无可替换。”）

对女人来说尤其如此。根据2010年的当前人口调查，12岁到17岁的孩子父母中，有22%的人50岁上下，46%在45岁以上。这就意味着，几乎现今相当一部分的青少年妈妈不是处于停经前候症——经受热潮红、睡眠问题和性欲的变化——就是在更年期里。多数妇女在经历这一阶段时都伴随着小波动，正如青少年都会忙乱地走过青春期一样。而那些与忧郁和易怒所做的挣扎和斗争，她们在刚盛开的青少年身上看到了自己的翻版。（有两组自2006年开始的精心设计的研究发现，在停经前候症时期患抑郁的风险高达两倍或四倍，看你参考哪组数字了。）

盖尔幸福地说，她喜欢看到女儿们青春绽放的样子。这种形式的补偿胜于指责。“我看着她们从女孩变成女人，很开心。”她说。“她们对待性的问题没有让我困扰。而越来越接近死亡却让我不安。我曾想，‘哦上帝，我老了。’”

她并不老，才53岁。但她指了指女儿的起居室，盖尔比她大38岁。“我看着她，”她说，“在想，我像她那么大的时候，已经是几十年前的事了。”

遗憾会裹着各种奇形怪状的外衣纷至沓来。有时候，仅仅是个人的一些问题——应该追求的事业，应该选择的生活方式，应该取舍的配偶。在这个房子小小存在的青少年，还充满着各种潜在的可能，他们的未来还是片无人认领的殖民地（盖尔说“我女儿们想要自己做决定”），充满着如梦如幻的遐想和假设。

但有时，遗憾是来自养育孩子的困惑——来自育儿本身。这种遗憾可以很微妙，未必是我们有意识选择去做的事。有些最深的痛，是来自那些我们未能做的，或是在孩子眼皮底下犯的错/被孩子目睹的我们的过失，还有那些没藏好的恶习，孩子或是学去了，或是深恶痛绝。他们见证了我们最丑陋的嘴脸和最低级的失误。大多数父母都能抽丝剥茧毫不避讳地告诉你他们的另一面，还有那些经历和恶习带来的痛。

青少年看待父母缺陷和失误的视角常常是粗糙的，不够细致入微，但这也不能阻止他们以此为戒，把父母推向一边——自己特立独行（“我不会成为你”），或心理学的说法“个性化”。他们懂得如何把他们的世界观转换成武器和观测，来精准地制造伤害。萨曼莎说，卡莉欧碧用来忤逆她的杀伤性话语之一，就是跟她说，她变成了姥姥——而萨曼莎最不想做的人就是她自己的妈妈，觉得她冷酷又粗心。在一次争论中，卡莉欧碧甚至用姥姥的名字喊了她。“我知道那会伤害她，”卡莉欧碧说。

我听过的做父母的最深的遗憾，是来自迈克尔的，卡尔的爸爸，贝斯的前夫。当我们落座开始谈话，迈克尔给我的感觉并不像真的有遗憾的人——他觉得自己事事顺心，并相信他的孩子终会理解他的苦衷。但是当孩子伤他心的时候，他的思绪就回放到敲定离婚协议的那些日子，他没能成功地争取到共同监护权。“应该在法庭上吵一架的，应该继续那打不完的仗，虽没意义，”他说“但我仍然后悔。”

他深知为此付出的代价，尤其是大女儿，萨拉。“我和她的关系就没好过，”他说。“我们从来没有舒舒服服地呆在一起过。”他想起几年前的一天，女儿从高中毕业，俨然一位青春洋溢、发育成熟的少女，她念的是优秀的公立高中，用近乎全额的奖学金考取了一所更优秀的私立大学——这，正是他自己的女儿!他甚至都没去过大学——为此他感到尴尬和疏离，仿佛置身于一堆悬空的气球中。“毕业典礼结束，”他回忆到，“就好像，‘OK，大家都要去哪？’答案是，‘每个人都去妈妈那里。’”他朝一个假想的方向——妈妈家，比划着。“所以，我也只能到这了”——他又指指自己——“我精心打扮了，在想，‘也许我可以邀请我自己，但这是不可能的。’那是一种……无助的感觉。她也是我的女儿。”他不能控制自己跳脱出来讲这件事，在第一和第二人称间转换着。“就好像你不是属于那里的一部分，”他说。他咀嚼着这段情感经历然后坦言道“我当时就是那么觉得，我好像是局外人。”

而他的儿子，卡尔，对他冷酷，或愤怒，甚至有点抗拒。“他会说，‘萨拉不想看到你；她不喜欢你，’”迈克尔说，“如果他想避开我，通常就是这么开场的。”他说到“开场”的时候，有些伤心。有时，这种攻击会用难以承受的方式逐步递增。“就好像你和一位怀有恶意的朋友争吵，”迈克尔说，“等静下来的时候你就会想，‘他说的是真的吗？不是认真的？”有时候，迈克尔就会中枪，他承认“他以前让我掉过眼泪。”

结局

盖尔的二女儿和小女儿，一个17一个14，随和稳重。她们也会有那些年少轻狂的一面，但是在妈妈身边的大部分时候说话都是带着爱意的，这天早晨，她俩静静地穿过厨房，没有一句怨言地开始做起早上的例行家务。

而梅，也和我们一起待在厨房。她相貌可爱，和妹妹们一样，像一支长茎的玫瑰，但是她周围的空气却是有些不安的；她有一点敏感，一种焦虑，仿佛她已经了然前方的路是不好走的。说实话，她是我喜欢的那种女孩。那些对生活中的愁苦未雨绸缪的孩子都是我喜欢的，我年少时就是这种类型。

“起皮了吗”她把后背转给她的妈妈看。她和两个妹妹一样，都穿着背心；她还在鼻子上戴了一个不显眼的鼻钉。

妈妈回答她没有。

梅总是与众不同。盖尔从她五岁时就看出她是一个焦虑的孩子。

五年级时，小派别开始盛行，梅和她的好朋友，萨曼莎的孩子卡莉欧碧有点矛盾，盖尔爱莫能助。“有过这样一次，卡莉欧碧生她气；梅不知道为了什么，”盖尔回忆到，“所以她就跟在卡莉欧碧后面问，‘我做什么了？’我不得不跟她说，‘别那么问。’”这段经历让她畏畏缩缩。再次经历了女儿的痛楚，她知道需要放手让她自己去应对。

后来，到了八年级，梅开始割伤自己。盖尔搜集查阅了大量信息，不知道还有谁的孩子也有同样的问题；在这个开明的社会，作为开明的父母一代，她做了她所能做的：给女儿找了一个治疗师。她自己也学会了倾听，只在适当的时候，提供一点建议。女儿确实有改观。现在你见她，会看到一个美丽、特别体贴有思想的女孩，拿着一所优秀大学接近全额的奖学金。

但是看着梅，你就会清楚地理解亚当·菲利普斯在《平衡》一书中所说的那句话，要求孩子幸福是不公平的。他说，这种期望就像扔给孩子的“抗抑郁药，”使家长“对孩子的依赖甚于孩子对他们的依赖”。

但正因为重要，同样，梅的例子也很好地说明要求父母打造幸福的孩子也是不公平的。这是个美丽的目标——我承认我也有这样的情结——但是斯波克博士指出，对父母来说，培养出幸福的孩子，是遥不可及的目标，不像过去有个具体的目的可施：在特定的工种上打造出能胜任的孩子，培养有道德责任感的公民来履行既定的社会义务。

其实，也许这些过去的目标更有意义，也更容易达到。不是所有的孩子都能成长为幸福的孩子，尽管他们的父母都付出了极大的努力；每个孩子在成长路上都有不开心的时候，不论他们被多么温暖地呵护着，或被多么有力地保护着。在尖刻和缺少宽容的生活中，父母对孩子的保护终是有生硬的界限的——青少年常常会不经意地意识到。“在孩子的成长岁月中，”菲利普斯写到，“生活被定义成一连串的惊喜；成人用无微不至的体贴尽己所能把这些生活中的突如其来扮成惊喜的模样。但是**理智的育儿观越来越意识到，保护孩子，少即是多；就像生活，越简单越好。”**

直到现在，梅都要比同龄孩子更敏感一些。盖尔，有着平静镇定的美国中西部气质，没有为此事像其他家长那样自责。事实上，她和其他妈妈一样有着对自己的惋惜，她知道自己为女儿做了力所能及的一切。“作为一个母亲，我没有觉得自己失职，”她跟我说，“但在解决其他问题上，作为一个人，我觉得我是失职的。你对其他人能做的也只有那么多。”但这并不容易。当我问起这几年有没有学到更好的方法来应对焦虑型孩子的时候，她毫不犹豫地回答：“没有”。

可是盖尔是为梅自豪的！那么优秀，多么让人羡慕！一次，当我提起爱利克·埃里克森，问盖尔是否知道他。盖尔说听着耳熟，但又想不起。在厨房案板前的梅，听了我俩的谈话上了楼，拿回来一本埃里克森的书，她是为心理课而准备的。书砰地一声摆到了妈妈面前，然后她没说什么就离开了。

盖尔朝我笑。

“有时候你就是为这些而活的，”她说。“你想让他们青出于蓝，让他们更聪明，会做更多的事、懂更多的知识。”她拿起那本书看了眼封面和封底。她以前就和我提过喜欢梅的文字和她的见解。“哎。

我在我20岁的时候就没读过这样的书。”

的确如此。抛开我们的那些误解，他们是有思想有学问的个体，站在我们的高度，对我们的行为举止指手画脚。

再切回到萨曼莎家，她曾提过内心的一个困惑，在韦斯利小的时候是否对他关注得不够多?“我记得卡莉欧碧还小那会，”她说，“韦斯利常常在车座上被弄醒，然后被抱下来放到某处。从他的需求来看，他的标准是那么低。只要有吃的就开心。我就想，是不是有我的原因。但我看他爸爸，也是那个样。我不知道你是什么感受，韦斯利……”

她把目光转向她的儿子——天资聪颖又富有洞察力，是的，就是这样的儿子有时却像眼中钉一样让她伤心。这一眼不是绝望地求证她当年所做的选择。她是鼓起勇气问的，好像真的想知道答案。他回看向她，用手扣住吉他颈部，带着不确定把视线拉向了中景又拉了回来。卡住了几秒钟，然后，又是几秒钟。那是作为我们谈话背景音乐的吉他唯一停顿的时刻。也是唯一没有任何声响的时刻。

“你准备好了再说，”萨曼莎说。但是需要时间的不是韦斯利，而是她。“我觉得养孩子是我做过的最伟大的一件事，我……”她声音哽咽，开始掉眼泪。“我那么以他们为豪，那么爱他们。昨晚，我想起卡莉欧碧还是小婴儿的时侯，不禁感叹‘哦上帝，就这么远去了’。”她的孩子们，被这样一番情感的真实流露一惊，彼此看看，也开始动情。“我又想，‘好吧，有一天她也会有自己的宝宝……’”萨曼莎擦了擦鼻子。

韦斯利还是什么都没有说。卡莉欧碧，几乎总有话说，也没有开口。她一只手捂着嘴，另一只，勾了妈妈的手指放在她手中。

JOY

第六章

快 乐

但我只说了一半，也许只有四分之一。我还想说的是，我爱我的孩子爱得无以复加。爱让我软弱，让我体无完肤。如果可以，我愿把凯瑟琳和玛格利特藏在我的腋下，我好安心。或者，干脆把她们塞回我肚子里，我就可以保护她们到永远。

——玛丽·坎特韦尔，《曼哈顿，我年轻的时候》

从头至尾，这本书都着眼于各个发展阶段的孩子对父母的影响。为此，我研究了各个转折点和焦虑紧张时期的数据资料，想分辨出哪些是这个特定阶段的普遍现象，哪些又是个别的。在第一章，我试着阐释孩子是如何危及我们曾习以为常的自主权，我们难以安眠、找不回自己/处处碰壁/跟不上步伐（潮流）、难以平衡家庭与工作的天平。第二章，谈到了依然悬而未决的家庭革命，孩子一到来，在家事方面分工的分歧就会引发婚姻的张力（缺少社会支持这种张力会绷得更紧）。第四章，提到普遍的培育模式和父母的压力。第二次世界大战后，飞涨的生活成本让父母的压力徒增；职业女性的矛盾心态；科技的迅猛发展；对孩子安全的恐慌；但最有负担的，还是当代孩子在经济上的无所助益。第五章，我写到青少年家长所面对的延长童年保护期的后果，和打造“快乐，适应能力强的孩子”这种普遍的文化压力对他们的影响。

每一章（除了第三章是写小孩子带来的欢乐）都有一个固定的

基调，集中描写了我们一天天积极追求的那种亲子关系，至于其真正之于我们的意义，和整个父母经历是如何堂而皇之地走进你的世界，未多提及。

我确定这个方向的一个原因是，抚养一个孩子需要付出巨大的努力，而且，自从现代童年的出现，自从“教养”成为一个动词，更加强调了育儿是一个高效能的、可臻完美的职业。正如威廉·多赫提所说，养育孩子是一项“高成本、高回报的活动”。我试着在每一章里面列举这些成本。

这并不是说，孩子就不能给我们欢乐了。维克森林大学的社会学家罗宾·西蒙曾发现，为人父母与幸福指数之间的关系是社会科学标准中最消极的关系。我们一起喝咖啡时，她开门见山地指出：“养育孩子确实会有很多‘乐趣。”是的，“乐趣/好玩”。她认为这个观点与她的研究结果并不矛盾。她提到她19岁的儿子，有一段时间正痴迷空手道电影，“和他一起看那么烂的电影还是会觉得‘有趣’，”她说，“听他表达一些事情的看法或喜好也很‘好玩’。”这就是养育一个孩子有乐趣的部分——不论是放声歌唱，为女儿挑选裙子，指导下球技，还是呆在家里烤烤香蕉蛋糕——这一切都会被这项工作中的张力和时不时的烦杂所打败。

我们要做的不仅仅是为人父、为人母。做一名母亲或父亲（只）是“我们的角色”。“一提到‘养育’这个词”，南希·达林写到，“我想到的是让我的孩子摆饭桌，让他们写作业，或让我的老幺去练提琴。”她说，这个工作不好做。说的更确切一些，这些“恐怕是我和他们之间最不舒畅的互动部分。”

那么，什么让达林舒畅呢?

出去喝喝茶，看看碟片，让他们主动过来抱抱我，惊喜地看到他们把事情做好，或不用太催促就把该做的给做了，还有，就是仅仅和他们呆在一起，看着他们长大，享受这个静静的奇迹……昨晚听我的老幺练小提琴，一首让他抱怨了整个夏天的练习曲，那样一个写着一手潦草字迹、喜欢在后院用树枝插篱笆、不管做什么都要以打水仗开场的孩子，竟然演奏出如此动听的音乐，我真是惊喜不已。

那这些开心时刻的共同点是什么呢，她意识到，它们都是被动的。“他们什么都不必做，”她写到，“只要做他们自己就好。”问卷调查表里是没有罗列这些的。“如果你问我养儿育女的感受，”她总结道，“我不会考虑进这些乐趣的。”做父母的感觉，和养孩子的繁杂与艰巨是两回事。“为人父母”是社会科学难以剖析的课题。

快乐

我们生活的时代告诉我们，追求幸福是一生中最重要的事。这种追求的权力也被载入史册；还是数不清的励志书籍与电视节目的主题。幸福感是积极心理学中的焦点（课题），这一新生领域旨在研究什么能让生活过的更好以及其他综合性的繁荣潜力（有一阵，积极心理学是哈佛大学本科生中最受欢迎的课程。）我们被告知，幸福，是可以实现的。**我们身处这样一个物欲横流的繁华时代，追求幸福是我们的特权，甚至是理所当然，我们命中注定要得到它。**

但是“幸福，”就如无数的父母跟我说的那样，是个无限、无望又模糊不清的概念。幼儿亲子课上的一位当奶奶的女士，玛里琳，直接抛问“我们是不是应该把幸福和快乐区分开？”课上的其他人都表示同意，是的，也许我们应该。“我觉得，”她说，“幸福更粗浅一些。我不知道其他人是怎么想的，但对我来说，拥有孩子是我这一生做的最值得的事情……”她开始掉眼泪。“当能说的都说了、能做的都做了，我问自己，‘我活着的意义是什么’，现在我知道了。”

价值，快乐，还有其各种各样的目标，不止是孩子。但重点是玛里琳的那句更基本的观点：“幸福”，常常是囊括不了这些的，也无法完全概括能使我们称之为人的种种情愫。当你的小婴儿第一次和你对视的那种神奇又超然的感觉，和数年之后，同一个孩子，漂亮地完成两周半跳花样滑冰带给你的骄傲，是不同的。而感恩节，从四面八方聚集来的亲朋带给你的温暖与归属感又是另外一种感动。不可否认，你可以用数字量化这其中的任何一种感觉，为了得到更多的类似体验这种尝试也不容小觑。但到最后，数据终究只是图表上的一个数字，它也许能反应我们某种感觉的程度，但它缺少一个完整的维度。而这些感觉回馈给我的就是另外一回事了。比如欢乐，可能给你带来的痛苦和当初的兴奋一样多；比如责任，在背后的默默付出，也许让我们的一天天更加辛苦，但也会使我们的整个人生更有意义，更符合我们的价值观。

“自传和文学作品中少有把幸福体验表达出来的，”哈佛哲学家希瑟拉·伯克在《探寻幸福》中写到，“也没有哪个心理或神经学的研究能充分地对其做出衡量。当代的判断标准大多表达的是在哲学和宗教诉求中的幸福本质，或其在人生中扮演的角色。”

确实，你可以说做父母的整个经历，追求快乐、尽享天伦，就暴露了我们一心寻找幸福的浅薄。养孩子让我们重新审视这种迷醉，也许重新定义（或至少拓宽）了我们对于幸福的基本看法。现代美国人每天被灌输最多的渴望也许根本就是种误导。（电影《夺宝奇兵》中，萨拉赫和印地安那·琼斯异口同声地说："他们挖错地方了。"）在为人父母的这些年，我们在混沌中前行，想找出在这宝贝的下一代面前我们这个新角色的意义，想在这样一个对无论在职与否的父母都支持甚少的文化中去行驶这个角色，就不禁要问：我们在挖掘什么？又找到了什么？

且让我们从快乐开始说起。用这个词来描述经历的，不仅仅是玛里琳，几乎所有父母都会。现今应该还没有谁像乔治·韦兰特一样透彻深入地研究过快乐的深意。韦兰特是一位受训过的精神病学家，一位有气质的哲学诗人，从历史记载来看，他是格兰特研究数十年的掌管人，此研究是社会科学中最费时费力的纵向研究之一。从1939年起，研究开始跟踪一组哈佛大二的学生，收集他们生活中各个方面的数据（当然，包括他们现在的离世）。如我们所料，韦兰特把目光放长，并没有局限于生活中的一个个幸福片段。他在一次记录研究对象时写到，"他们的生活对于科学来说太人性化，就分析结果而言却并不乐观，这一串漂亮的数字，对学术期刊界又将有深远的意义。"

我第一次见到韦兰特是在波士顿，他穿着一件破洞的亮蓝色上衣，衬出他开朗、不拘小节的风格。他的眉毛浓密，眼睛炯炯有神，身姿挺拔得不像一位77岁的老者。"你们这一代完全不能想象没有爱的世界，"我们坐下来开始谈这些，"但有趣的是：以前，行为科学家写到的爱都是关于性的。”他主要提到弗洛伊德和斯金纳，他们在看待父母与孩子之爱时都带着性本能的倾向。“他们对依恋还没有形成概念。”

据韦兰特的观点，快乐是来自依恋的。在《灵性进化》一书中，他写道：“快乐是连接物。”就如此简单。快乐不是我们追求刺激和开快车的那种满足感。这些快感是激烈而又短暂的，“这就是弗洛伊德对性的看法，”韦兰特说道，“一个勃起的前列腺，释放掉它就是这种快感。”

韦兰特没有点到为止地对这些一笔带过。他看出我们的兴趣都被引燃了。这些快感是有趣也是孤立的。它们与快乐不同，快乐是几乎无法一个人去经历的。“就好像你看‘Emmanuelle（艾曼纽）’（一部70年代著名的法国色情电影）与看到奶奶在厨房里准备着感恩节晚餐的情景是完全不同的。”他说，“这是两种感觉的快乐。”第一种是向内的感受，而第二种是向外的，对其他人。第二种就是韦兰特所感兴趣的。“看着你发福的奶奶，啰嗦的妈妈，和缠着你的弟弟。”这种熟稔，这种寄托感，还有“厨房的味道，”他说，“都是感恩节串联起的。”这是一种温暖，而非热烈。在《灵性进化》一书中，他说了这样一句话：“兴奋，性快感和幸福感都会让心跳加速；而快乐和拥抱会让你心跳舒缓。”

我从父母们那听来的最触动我的“证词”就是对这种连结的需要。密苏里市一位4个孩子的母亲安琪莉可，正说起她13岁的、最近爱上足球的儿子，我问她这个年龄的孩子有什么魅力，“当他站在我面前的时候，想要抱一下，”她回答说，“13岁的孩子依然需要拥抱。”

舒格兰附近小镇的一位母亲莱斯利，也讲了她10岁儿子类似的情况："他来问我'我能去谁谁家里玩吗？'"莱斯利点了点头，挥挥手说去吧。"他都要走到门口了，突然回过头来说'哦，我好像忘了什么。'他转过身跑进厨房给了我一个拥抱。"

他们看起来那么快活和独立，或者穿着不合身的大号队服，转身跑掉去练球。但是他们需要的、最需要的，还是你，你们。

连结，无论有多么强的连结，都是细如蛛丝的千丝万缕组成的。如果这就是快乐，想要去全然地感受这种连接（结），恐惧和喜悦都要去经历：把自己敞开，即使面对的可能是失去。这就是韦兰特所理解的快乐。它会让人变得脆弱，从某种程度来说，快乐比悲伤更不堪一击。他喜欢引用威廉·布莱克在《天真的预言》中的一句："快乐与痛苦交相辉映。"没有对悲哀的预警和前瞻就没有快乐可言，对于某些人来说，这种快乐是难以承受的。

尤其在亲子关系中，失去是在所难免的，是养育过程中最自相矛盾又不可分割的一部分：我们倾注爱，以让他们有一天能够足够强大地离开我们。甚至在孩子还很小很无助的时候，我们就有种预感他们终会离开；我们不经意地发现自己带着眷恋与愁绪凝视着转眼就长大的他们。艾莉森·高普尼克在《宝宝也是哲学家》一书中引用了日本语"物哀"来描述这种情感："转瞬即逝的美里有苦亦有甜。"欢乐和失去是爱之礼物的内在矛盾。"我们养育孩子，为了让他们能够更快地养育自己；我们教他们为了让他们更快地不再需要我们的教导。"C. S. 刘易斯写道，"所以，爱之礼物背负的任务繁重，要一步一步走向放手。"

对于一些父母来说，恐惧和快乐似乎交织得更错综复杂。2010年，布琳·布朗在休斯敦大学的一场有上千观众的演讲是这样开篇的：

圣诞节前夕，美丽的夜晚，空中飘着小雪，年轻的一家四口驾车前往奶奶家吃晚餐。他们听着电台里播放的圣诞音乐，就像在万圣节前夜一样。“铃儿响叮当”的音乐声响起，后座上的孩子们疯狂起来，大家都开始跟着哼唱。摄像机镜头切到孩子、妈妈和爸爸的脸上。接下来会有什么事情发生？

她告诉场下的听众，最普遍的答案是“车祸”。实际上，60%的人们都会回答“车祸”。（布朗说，还有10–15%的人也会有“类似的宿命答案，只是更有创意一些。”）她承认这些反应也许仅仅表明了好莱坞那些骇人的虚构场景对我们的影响有多深。但是她相信应该不止如此。事实上，好多父母都跟她说过现实生活中的类似情况。她举了一个典型的例子：“我看着我那熟睡的孩子们，正要感受无比幸福，却又有可怕的画面浮现眼前。”

布朗把这种感受称作“有不祥之兆的喜悦”。几乎所有的父母都深知其意，只是形式不同，我们，都是命运的人质。正如克里斯托弗·希钦斯在他的回忆录《希奇22：回忆录》里写的，父母们的心都“游荡在他人的体内了。”但是，没有孩子，他们还如何能体会到那种陶醉狂喜？他们又如何体验恐惧畏怯？这些感受是父母们为那些欢愉与微妙的连接（结）所付出的代价。每个爱着的人都知道，“快乐，”韦兰特写道，“是内里悲痛的外显，是由内而外的悲恸。”

说了这么多，再让我们回到莎伦，明尼苏达州的抚养外孙卡姆的外婆。她的经历是难以想象的，埋葬了不止一个、而是两个孩子。

卡姆的妈妈米歇尔的那次，莎伦至少能看到她成了年，甚至当了妈妈。但是她的第一个孩子，迈克，她就没有这种“殊幸”了。他死于1985年，仅仅16岁。

莎伦和家人那时住在图森。米歇尔的智商只有75，这是一个问题；而迈克的智商高达185，这又是另外一个问题了。他的才华，狂怒，孤独很早就露出苗头。4岁时，他就能一个人呆很久去记一些长单词的拼写（“Constantinople”和超长的“antidisestablishmentarianism”）莎伦说，“他经常开一些很古怪的小玩笑，小朋友们都无法理解。”总体看来小学阶段的麦克还算是外向、开朗的，“但是之后他就开始内向了，就好像世界是要他来拯救的，”莎伦说，“后来，他真的试着去拯救世界。”他到公园里坐着，希望能够抓到那些殴打流浪汉的人。那时他6年级，随后麦克到了一个“天才”中学，去寻找他的同伴，那里的孩子玩“龙与地下城”的游戏，自创语言，会写诗。但是这些还是不能够缓解他的抑郁，在高中时甚至变得格外严重了。他开始跟莎伦讲他有多么地痛苦——他是如何被自杀这种冲动折磨的，最终他也这么做了。

“一个周四的早上，他走进我的房间，说‘我想要自杀，我想我应该回到医院了。’”莎伦在卡姆午睡时说起这些事。“于是我们给医生打了电话，但是医生说‘不，他需要靠他自己来克服这一切，你不要再干预他。’”他还补充说迈克从现在起应该自己进行药物治疗。“于是他就……”莎伦说，“那就是他自己做的选择。”她在第二天早上发现了他。

我问她，这么多年过去了，现在如何看待儿子当年的生活？

她没有立刻回答。“当我想起我和迈克一起的生活……”她的声音逐渐减弱。“我不知道，它太大了。”她搜肠刮肚找想寻一点开始说起，然后落在也许最合乎逻辑的一个出发点上，“在他出生之前，我曾期待生一个女孩。你不知道那些日子，我花费了几周的时间去适应他是个男孩这个事实。但是，我想说，他真的很漂亮，金色的头发，蓝色的眼睛。一切都很完美的小男孩，他简直就是……”她又一次哽咽了。“他真的是我生活中快乐的源泉。”他后来的抑郁和脾气，“但这只是生活中的一小部分。”她接着说，“他很有趣，又很乐于助人。12岁的时跟我逛商场还依然会牵着我的手走来走去。我不知道。他是一个好孩子。我为他骄傲，总是希望能找到一种方法来帮助他，我不知道该怎么说这些。”

我没有问，准确地说，我没敢问，我担心太直接，问题可能或幼稚或残忍。但是我想知道，她有没有绝望过，为什么会这样？

她想了很久，过了一会说，“我没有，我想要一个孩子，就有了一个孩子。那个孩子虽有一点病，但是他还是一个完整的人。我养他长大，我们互相影响。我希望他做出的是另外一个选择，希望他今天仍然活着。但是……”她停了一下。她的回答比我想象的简单得多。“抚养迈克就是抚养了迈克，我‘依然’是他的母亲。他死于16岁这个事实并没有改变我‘为了’什么的初衷，同样，米歇尔32岁去世时也一样。我已然经历了他们的生命，他们依然是我的孩子。”

他们是她生命历程中的一部分。她爱着他们，养育他们，有负于他们的时候，也有拯救他们的时候，他们让她经历了生命中最好和最差的一切。“他们仍然给了我完整的父母经历，”她说，“不是全程的幸福，也不是全部的悲伤。这是完整的亲职体验。有孩子就会经历这些。”

责任，意义和目的

几乎是理所当然的，我们会把孩子和未来联系在一起。从进化论的不精确角度来说，这就是为什么我们要有孩子：为了看到我们自己，看到我们这一物种的延续。

然而，把孩子们看做我们DNA的延续和对他们寄予或高或低的希望是不尽相同的。那些放弃寄予过多厚望的父母反而能够拥有更加健康的育儿观。

英国小说家和批评家约翰·兰彻斯特在他最近的回忆录里面有一个美丽的主张。具体来说，他呼吁让“责任”这个词复苏过来。“责任，”他写道，“是一个多多少少要淡出我们文化的词语。这个词，也许还有这件事情本身，只在特定的聚居区如军队里存在着。”然后，他几乎本能地转到照顾他人的话题上来：

那些把照管不能自理的家人当做一种责任的，我们通常用“关怀”或“照顾者”来称呼他们。如果把换洗别人的脏内衣当做一种工作，那会让你质疑你是否真的想做那件事。而当你觉得这是有责任去做的，就会让它变得更加客观。因此，至少在我看来，这样负担会减轻。它会让你觉得这么去做是理所应当的，不会生厌。

孩子和那些不能自理的亲属不一样。兰彻斯特并没有说照顾他人是没有乐趣的，或者那是一件没有谁会非常愿意去做的事。但如果把乐趣从这个等式中去除，我们的期望值也随之改变了，也就是说，让我们不再抱有任何期待。

这是个开放的时代，孩子并不都是自然备孕而来的，也有通过不孕治疗、领养或者代孕等积极地争取来的。费劲周折去拥有孩子，父母可能会认为从这样的经历中来换取幸福是自然而然的事。当然，他们会从中找到幸福，但是未必会持久，或者按照他们期待的方式。那些从兰彻斯特的理念出发的人们也许会有很大的优势，他们可以爱，也可以牺牲。单从责任中找寻快乐的想法还有很长的路要走。正如我在第一章所述，我们文化中的自由已经演化成为责任的自由。但如果我们都没有能够为之放弃的，又何谈自由呢？

米哈里·契克森米哈赖在《心流》一书中就这一点颇有看法。他引用了西塞罗的观点，要让一个人自由，他必须臣服于法律。契克森米哈赖写道，在我们的生活中，规则是怎么约束我们的就是怎么解放我们的："放大情感中的回馈，就会摆脱不断的压力。"

杰西说，她和丈夫卢克，在他们的生活压力徒增的时候，却不约而同地感到，"威廉（他们的第三个孩子）出生后，我们变得更快乐了。"她说，"这是独立生活与快速进入父母角色之间的一个临界点。有一两个孩子，你多少还可以假装仍享有个人空间，但是三个，就要接受我们为人父母的生活。这个新的现实摆到你面前了。"三个孩子制造了更明确的规则，和更清晰的架构。"其实，我们还在考虑要生老四，"她说。

莎伦也似在做出更大牺牲后找到了一种安然和生活结构。她在收养米歇尔的时候对法官说："是的，我明白，我会一生抚养她。"她积极自愿地选择抚养米歇尔，照顾她成为她日常生活中的一部分。她把养育迈克和米歇尔的经历看做她一生的使命，一种生活方式。

她为他们所做的一切，夜以继日，没有要求任何形式的回报。她每天睁开眼就开始照顾他们，因为她曾签字要这样去做，无论是悲是喜。

有人可能会说，这种承担多少是莎伦天主教信仰的一部分，其实哪种信仰不如此呢。（“但问耕耘，不求收获”Krishna在《薄伽梵歌》中对他的弟子Arjuna如是说）但是这也是作父母的信条之一。如艾莉森·高普尼克所说，我们并不是因为爱孩子才照顾他们的，而是因为照顾才生爱。

这也是韦兰特想跟我说的。他有五个孩子，其中一个患有自闭症。这个孩子出生的时候，大多数孤独症候群还没有被命名，如果当时有这些病症的名字，那些儿科机构也鲜会说出比较乐观的话。我问他，这个儿子是否改变了他作父母的一些期望。毕竟，他知道这个男孩永远不会像你我一样地生活。他，摇了摇头。

“我要孩子并不是因为要后继有人或想在我年迈的时候有人能来照顾我，”他回答道，“我生孩子，和我喜欢种草，喜欢到山间散步是一样的。生孩子是我聊以慰藉的一种方式，而且随大流也会让生活变的容易。我没有期待过什么。”

也许韦兰特只是他那一代的一个代表。他们那个年纪的人没有把孩子和自我实现联系在一起。他们要孩子是因为他们应该那么做，理所应当。

但，这也可能是他多年照顾自闭症儿子默默建立起来的恪尽职守的观点。他的孩子也许教会了他该从亲子关系中期待什么，不期待什么。“我脑海里浮现的是，”他仔细地考虑了我的问题，几分钟后回答，“这不是一种快乐，但这绝对是爱：我的孩子6岁时，我还需要帮他系扣子。”他望向远处，过了几秒钟接着说：“给他系鞋带。”而其他的6岁孩子已经能够自己系扣子或试着自己绑鞋带了。“这就是生活的日常，”他说，“就像，草长长的时候，你要推着割草机来割草。不然，为了拥有草坪你还能做什么？还能怎样？”

现代哲学最著名的思维实验之一是罗伯特·诺齐克的“体验机器”，他在1974年出版的《无政府、国家与乌托邦》中这样写到：

假设有一个体验机器，可以让你体验任何你想要的感觉。顶级的神经心理学家刺激你的大脑，让你幻觉你正在写一部巨作，或在交朋友，又或是在读一本有趣的书。整个期间你都会在一个大容器里面漂浮，你的大脑被电极连接着。你会把这个机器带到生活中，去为你的生活经历提前编程吗？

他的回答是不，而许多人可能会本能地回答是。我们关心的不仅仅是得到快乐。我们渴望体验“和别人深厚连接”的感觉，“对自然现象、对爱的透彻理解，对音乐和悲剧的深深感动，或者做一些没做过的事情和创新的感觉。”同样，我们也渴望尊重和骄傲，“幸福本身就是一种适当的回应。”在诺齐克的实验中暗示的一个观点是，幸福应该是副产品，而不是目的。许多古希腊人也持有类似的看法。对亚里士多德来说，（希腊文，暂且译为“幸福、兴旺”）就意味着多做一些有用的事。幸福只有通过发掘我们的优势和潜能才能够获取。要想幸福，必须去做/付出，而不仅仅是感受。

抚养孩子，要付出很多。这将是吵吵闹闹、永不停歇的生活，完全不同于诺齐克被动的体验机器。不是所有的人都想要孩子。但**对大多数人来说，尤其是那些对非传统生活缺乏想象力、或没有能力过出**

意义的人们，生孩子会发掘出我们的潜力，会给生活一个目标和图景。罗宾·西蒙就说过这样一句妙语："孩子是你早上起床的原因。"

西蒙不仅仅是通过日常生活观察得出的这句。这里还有一个有统计数据的事实：有孩子的人自杀率要远低于没有孩子的人。以1897年埃米尔·迪尔海姆的《自杀论》为首，后来的多数社会学家都纷纷推断，西蒙所说的那句原因确实：父母们束缚在那些连结上，现世的原因让他们有理由继续走下去。

迪尔海姆认为这种社会连结的好处很多。吸引他的不仅仅是父母与孩子之间的，还有成人与更大的体系之间的连结。没有这些，人们会感到没有寄托、辨不清方向；他把这种状态描述为"混乱，社会的反常状态"。今天，我们视这个词与"精神错乱"同义，但那不是迪尔海姆想准确表达的意思。他指的是"无规范感"（源自于希腊词汇"anomos"，意为没有法律，失范）。生活在一个失范/没有规矩的世界里是非常孤独的。乔纳森·海德特在《幸福假说》一书中这样描述："在规范缺失的社会里，人们可以怎么开心就怎么做，但是如果没有任何明确的标准或是受推崇的社会制度来执行那些标准，人们会难以找到他们真正想要做的事情。"

一旦成为父母，人们就会发现常会有一系列更清晰的标准去遵从，会重新认识约束他们的社会体系。听一些新手爸妈谈论有孩子以后最可喜的转变，我有点意外，答案都普遍围绕着一个简单的主题：他们现在与这种规范其生活的体系之间联系得更加紧密了。他们突然间就会想去教堂、去犹太人教会或是当地的清真寺。他们突然间知道了所有附近的学校、公园和街道委员会。他们想要参与到家校联谊和当地的政治中去。那些有孩子的邻里，曾不经意地在各自的平行世界中充当背景的人们，现在也突然出现在你的三维空间里。（“这是一种释放的感觉，”一名叫珍的女士，在幼儿亲子课课堂中分享到，“人们来到你身边开始聊天，我喜欢这种和人说话的感觉。”）父母这种身份，给了他们一种和人交往的方式。他们可以是坐在火车里，可以在等待结账的柜台前，或在投票站前排的长队里。而且，有趣的是，如果在他们谈话附近的人也有孩子，他们关注的话题也都是相同的。正如高普尼克在《宝宝也是哲学家》中所说：“我们对孩子的爱，既是个性化的又拥有普遍性，这是其特别之处。”

孩子给我们以生活架构、目标以及与周围世界更紧密的连结，这种观点在社会科学的数据中并不多见。但是，如果研究得当，确实可以得出这样的结论。比如，罗宾·西蒙就发现那些没有孩子监护权的父母，会比拥有监护权的父母较容易情绪低落，这与其它那些关注父母与幸福的研究结果大相径庭。那些结果表明的是，单身母亲（通常情况下，母亲会获得孩子的监护权）会比单身父亲更难感到快乐。西蒙的研究与其他不同的是：她会测定抑郁的程度，调研的问题除了涉及日常的情绪也会考虑到总平均值和其影响。比如，他们会问参与者在那一周过得如何，是否有遇到什么困难，或者有没有失败感，是否对未来充满希望。结果是，我们有理由相信，那些把孩子庇护在自己屋檐下的，比孩子被带走的家长对这些问题的回答更乐观一些。前者，他们有早起的动力，生活中有事可为，对未来感到有希望。

前一章提到过的贝斯，离婚的老师，在我们的一次谈话中，她说她的儿子卡尔正处于最排斥她的时期（拒绝见她，不回她的信息。）她也在尽力给他空间，保持一段时间不跟他联系。“我那阵觉得更难过一些，”她说，“比起他不回我信息的时候。”不能联系他，是难受的，给不到爱，是不安的。

在契克森米哈赖的《心流》中，他也提到了类似的情况，他发现那些单身的，不去教堂的人们，每个周日早上是他们这一周的低谷，一个简单的原因就是他们无处安放他们的关注力。维克多·弗兰克尔在他的畅销书《活出生命的意义》中谈到灰色星期天时写道，“对于许多人来说，没有条条框框的那些时间是毁灭性的。”他是一位精神病学家，也是大屠杀中的幸存者。他把这个叫做“星期天神经官能症”，他是这样描述的“当一周的繁忙过去，那些意识到生活中缺少点什么的人们，就开始被那种压抑感折磨了。”他建议的治疗方案，就是在生活中加入一些有意义的活动。而这些活动并不一定要是开心的。它甚至可以触碰到人们的痛处。这并不是重点，重点是能够找到一个继续下去的理由。“如果建筑师要加固一处破旧的拱门，”他解释到，“那么他需要给负重的部分再加一些重量，以使各个部位连接得更加紧密。”治疗师在治疗抑郁患者时，给出的建议也是“给生活的意义重新定位，不要害怕这种改变所带来的种种压力。”

选择为人父母就意味着：让有意义的压力，给你的人生以力量和生活架构的完整性。

如果能考虑到这一点，那么“幸福”就可以如希瑟拉·伯克在她的书中所说的，“是错综复杂的生活的一点调味剂”。要达到幸福，你要“把我们的生活附诸于一个比我们自己更大的事物之上。”你要去做，幸福才触手可及。可以是简单到去主日学校教教学，也可以声势浩大到组织一场非暴力抗议活动。有时需要有如寻求癌症治愈方法一般理智，有时又需要有能够爬山的体魄。是在创造艺术，也是在养育孩子。摘自本·琼森“最美的诗”，他写给7岁儿子的挽歌。

记忆自我

在圣保罗的一个晚间爸爸课堂，一个名叫保罗·阿尔尚博的爸爸开始发言，保罗与在座的其他爸爸们不同，他们都是新手奶爸，或有3岁小儿或新生儿的，而保罗已经是4个孩子的爸爸了。他最小的孩子都3岁了，最大的儿子11岁，他可以说是幼儿亲子课课堂的资深奶爸了。他说：“现在本和艾萨克都长大了，我怀念那些他们坐在桌前用自己的小手抓麦圈吃的日子。诺拉（他最小的孩子）做的一些事常常让我抓狂。但是，我知道，1年、2年或者是3年以后，我回想起现在的事情，我会说，‘嘿，这多有趣。’”

另一位爸爸，克里斯，他的儿子17个月大，他诧异地问：“你为什么会怀念那些呢？是因为能和他们玩抓跑游戏……？”

又一位爸爸说：“是的，我每天都打退那些想法——我等不及想他赶紧长大。”

“我也不知道，”保罗说，“也许是因为到最后会懂得这些年都不会重来。或者，我早已忘记那些年是怎么挺过来的。”

大家就此辩论了一会。

“其实问题是，”保罗说，“如果有人做这样一个研究，问你‘好，你的孩子现在三岁，请你把你生活中感到快乐的方面来排个序，’然后，五年之后，再来问你，‘说一说你孩子三岁的时候你的生活感觉如何，’我敢打赌，你的回答将完全是另一个样。”

通过这些简单的生活观察，保罗无意中发现了人类情感研究中最大的悖论：我们珍藏在记忆里的事情与当时生活所经历的是多么地不同。心理学家丹尼尔·卡尼曼，创造了一些术语来区分，他提出了“经历/体验自我”和“记忆自我”。

体验/经历自我是指正在这个世界上穿行的那个自己，因此，至少从理论上来说，它更能够掌控我们日常生活中的选择（但实际上不是那样的）。而记忆自我才是我们生活中更有影响力的角色，尤其是在我们对未来做出决策和计划的时候。然而事实上奇怪的是，我们明明知道，记忆自我更容易出错：记忆是有特质的，有选择性的，它受制于大量的偏见。我们倾向于相信一个事件的结局就代表了它整体（所以，唉，一部电影，一个假期，甚至一段二十年的婚姻，可能只因一个糟糕的结局而毁于一旦，什么时候回忆起来都会觉得这是一段不快的经历而忘记在这之前愉悦的片段）。比起生活中那些平凡的瞬间，我们更容易记住那些里程碑式的重大转折。某事件持续时间的长短，似乎在我们记忆里的影响无差。卡尼曼在2010年的TED里举过这样一个例子，比如两周的假期，回忆起来并不会比一周的假期多一些愉悦感觉或是强烈的程度，因为多出来的一周，也许没有在原有记忆中增加新的内容。（尽管体验自我可能真的很享受这多出来的一周。）

在那场演讲中，卡尼曼承认强大的记忆自我也曾迷惑了他。“为什么相对于体验/经历自我，我们会在记忆自我上放上这么多的比重？”他问观众，“我觉得，这有点难说清。”

但也许（对有些人来说）答案是显而易见的：孩子。记忆自我让我们确信，孩子是比其他任何东西都更值得我们拥有的。为人父母的经历暴露了体验自我和记忆自我之间的鸿沟。我们的体验/经历自我告诉研究人员，比起陪伴孩子，我们更愿意去洗碗，去睡会儿，或者购物，或者回复邮件。（要特别指出的是上述是基于卡尼曼对909名德克萨斯妇女的调查所得。）但是记忆自我告诉研究人员的是，没有任何人、任何事情，能够代替孩子给予我们的那般快乐。**这也许并不是我们日常点滴的那种幸福，它是沉淀下来的，我们向往的和记忆中的那种幸福，是织就了我们人生故事的那些东西。**

这就是保罗要告诉那些爸爸的。“有一件事可能会更好地来解释，”他说“上周末我带着孩子们去看高中曲棍球比赛。我简直要疯了。尤其是带着一个三岁的孩子，一会坐着一会这样那样，当时有一个正在上台阶的女士，好像在说：‘这些孩子都是你的？’”保罗比划着她怀疑的样子，假装指着身边的四个孩子。“然后我就可怜地表示，‘是的。’”他用眼神再现着当时的表情。“但是转而我又说，”他停顿了一下，这次是大惊小怪地说“是呀。”保罗说，“所以似乎对我来说，处于那个当下，难免乱作一团，但是我抽离开那个当下，哪怕只是一刹那，你知道吗？就会觉得这是一件很酷的事情。”

他跳出那个当下看待这个事情。

这并不足为奇。许多家长再回头看这些事的时候，他们都会告诉你，除却那些曾和青少年在作业上的斗争，或是在厨房地上一粒一粒地捡起蹒跚学步的孩子肆意地扔在上面的葡萄干的时候，他们是幸福的。2007年由Pew做的一项民意调查中，有85%的家长认为与他们未成年子女的关系在他们人生的幸福与满足感中扮演最重要的角色，比他们和配偶，和父母，或他们的朋友、工作都重要得多。当问起什么让我们快乐时，答案无疑是：我们的孩子。

我在费城对契克森米哈赖做访问的时候，他也跟我说了类似的话。他在现实生活中观察到的人们就是这样的。他们和孩子在一起的时候很少会这样去说。但如果你让妈妈们去回忆她们最感动/幸福满溢的时刻，大部分妈妈都会说是和孩子们在一起的那些时刻。“尤其是像给孩子们读书这种时候，”他说，“看着他们沉浸其中，为某事而着迷。”

“在我们的采访中，”西北大学的心理学教授丹·P. 麦克亚当斯说，“有一个部分我们会关注到他们人生的高点，低点和转折点。”他通过人们讲述自己的故事来研究人们是如何形成他们的身份特点。他与成百上千的成年男性女性谈话，收集他们的故事，寻找典型。他告诉我，“对于中年人来说，最普遍的低点是他们第一个孩子诞生的时候。”这是一个事实，无论对于男人还是女人。

就像卡尼曼所说的，讲故事，是我们对回忆的自然回应。我们想起的那一段段经历变成了我们身份的一部分，成为你之所以为你的微妙组成。卡尼曼在《快节奏和慢节奏思考》那本书里就提到，记忆自我才是实际上的我们。虽然，是经历/体验自我在为我们真实地生活着。

如果真是这样，我们是记忆自我，那么与孩子在一起的时时刻刻的感受似乎就没那么紧要了。他们在我们的人生故事中扮演着珍贵又重要的角色，我们生活中的高点和低潮都是他们给的。没有这般复杂，我们也不会觉得自己有多重要。“如果一个故事中规中矩，没有出乎你的意料之外，那它就不是一个好故事，”麦克亚当斯说，“育儿路上就会有很多的不期然。”

我们的故事不能总是快乐的版本。事实上，它恰恰相反，只有在回忆的时候才会蒙上一层温暖的色调。“我觉得这要归结到哲学高度而不只是心理学层面。”汤姆·季洛维奇，康奈尔大学的心理学教授跟我说，“你会觉得这种即时即地的幸福要高于你回忆里的价值吗？”他对此也没有答案，但是他举的一个例子似乎说出了倾向。他回忆起孩子生病的一次，他在凌晨三点陪孩子一起看电视。“我当时没觉得多有意思，”他说，“但是现在我回头来看，可能会说‘啊哈，记得当时我们凌晨起床一起看卡通片吗？’”

遗赠

孩子们并不仅仅为我们的“自我”提供故事。他们也给了我们救赎的机会。麦克亚当斯花了25年来探寻人生故事，他说在那些受访者中“产出”最高的成年人——那些最在意给下一代留下些什么有意义的东西的人——更倾向于讲一些加工版本的故事。他2006年的一篇论文中写到，高产出的人在这场人生冒险中投入了大量的时间、金钱和精力，而其长期回报却不是一个既定的赌注。抚养孩子、在主日学校教课、鼓动社会变革、致力于创建有价值的社会秩序，这些高产的尝试，有多有成就感就有多挫败。而如果一个人深藏心底的和展开的人生故事（即一个人的叙述身份），一再地证明痛苦是可以战胜的，救赎是通常都会跟在挫折与失败身后的，那么就会看到一种可以用心理学问题解释的以救赎为模的人生。

孩子们常常在我们的拯救故事中扮演重要的角色。麦克亚当斯说，他时常听到父亲们这样讲到：“如果不是为了孩子，我现在还不会安定下来。”孩子们在那些生活艰苦的父母故事中扮演尤为重要的角色，比如穷困的妈妈。《我能遵守的承诺》是一本年轻的单亲妈妈的人物志。作者凯瑟琳·艾丁和玛利亚·卡法拉写道：“这些妈妈们讲述的救赎故事，显示出母性这种角色的重要性，它几乎是一个青年妇女活着的唯一意义，和唯一的身份认同的来源。”没有良好的经济条件和婚姻指望，书中的这些受访者说，是她们的孩子拯救了她们，让她们脱离了自我毁灭的生活轨道。

也许更受命运的垂青，对于中产阶层来说，他们有很多选择，有不止一种方式来创造更有意义的生活。所以，当孩子一来，他们就会有种束缚感，就好像生活突然间被压缩进茶杯里了。但是，孩子也同时拓宽了他们的生活。孩子为他们打开了一扇窗，窗外有新的活动，新的观点，就如菲利普·考恩所说“给你的家带来了全新的世界。”比方说，孩子们对象棋着迷，而此前你却从未玩过；他们在学校了解到伊斯兰，而你从来没有正式学过，这时晚间新闻对你来说就变得更有意义了。他们能胜任你所不能，精通你所不知，能让你引以为豪。想想南希·达林出神地看着她小儿子拉小提琴，或者前几章提到的盖尔，惊喜地发现女儿居然知道爱利克·埃里克森是谁。“这就是你为之活着的种种，”她说，“你希望他们过得比你好。”

这种骄傲也不仅仅来自孩子们的才能/成就，还常常来自他们成为有道德有同情心的人这种简单的转变。所有的孩子打出生起就是小小的自我陶醉者，这一路上，也许你都没有注意到，他们渐渐意识到这种自恋并竭力摆脱。他们开始在你生病的时候递上热汤。开始告诉你在吃午饭的时候他们管住嘴，因为他们的朋友正在讨论生日派对的事，而不是在场的每一位都会被邀请。**你还会发现，这一路上，你施的所有的爱，所有关于同情关于体统关于尊重的谆谆教诲，多多少少地初显了成效。**

麦克亚当斯发现那些最高产的人们所讲述的故事中有一个共性，他们会有意识地给下一代讲他们的传奇经历，当成寓言一样希望孩子们能从中学到点什么。“就好像，‘我把我人生的故事展现出来，有智慧也有傻气，这些故事是为了我能对孩子说点什么而存在的，’”他在一段电话采访中这样说。“我的叙述身份能对别人有所影响。”

富有成效的、高产的成年人，大多视孩子为他们的超我。换句话说，他们的孩子在他们之上，引导他们的道德选择。如果这些成人表现出踌躇或龌龊，他们知道孩子们会看见；同样的，如果他们品行端正，孩子也会知道。他们清楚地意识到孩子会以他们为榜样。他们知道，有人在看着他们。

但是，根据麦克亚当斯的经验，并不是所有人都这么想。大概100多年前，弗洛伊德就观察到，许多人都在重蹈覆辙，重演自己的过去，寻求记忆里的认可。他们认为父母才是他们的超我，不断地取悦于他们想象中的法官。但是对于那些想留下些什么永恒的遗赠的人来说，就不这样认为了。在他们眼中，“真正的评判者并不是上一代，而是下一代。”他们可以尽情创造自己的人生，而不被上一代所束缚，他们希望为他们做出最后的评判的是孩子。

社会心理学家尼尔·吉尔伯特称他的孙女们是“无卡路里巧克力”。他说，“她们可爱极了，给你带来无限的欢乐。而且你无须承担什么。”

但是莎伦的情况就不同了，她的外孙就是她的孩子，无论是事实上的还是法律上的。米歇尔去世以后，她就收养了他。

玛格丽特·米德谈到了现代美国父母的无助，没有多年的经验去指引，东听一句西听一言地去抚养孩子——易受潮流影响，不相信自己的直觉，还担心他们父母所知道的那些育儿观早已过时。

可以想象，莎伦在她的养育生活中这种担心是有多么强烈。她几乎不知道如何来抚养一个抑郁症孩子，也不知道如何培养一个有认知和行为障碍的领养孩子。她整个母亲生涯初期都可以称为大师级的临场发挥了。而数十年后，她又要从头再来一遍抚养卡姆，而她发现，当年习得的那些条条框框/所有的育儿经验全都派不上用场了。如今，你还可能跑去商店抓一个东西而把孩子独自留在车中哪怕5秒钟吗？如今，打开一个婴儿车，需要两只手和一只脚共同配合。如今，所有的专家都在告诉你，要手脚并用地趴在地上投入到孩子们一个接一个的游戏当中，而不是简单地告诉你的外孙去自己玩去。这可是一位老人啊！

莎伦的境遇总是不太寻常的。她的人生不止有捉急的亲职经历，还有猝不及防的悲痛，送走过不止一个而是两个孩子。失去挚爱的孩子，就如你才拥有他时一样，面对的是另一种你永远无法准备好的生活骤变。而现在莎伦意识到她自己又要在另一场人生的转折里临场发挥赤膊上阵了。

我无法想象，如果我没有打这个电话会怎样，采访她的2年后，我想告知她我的书快要完成了，我给她打电话，联系她时费了一番周折，就好像是某种暗示——她接电话的声音非常疲惫，但是疲意之下，仍能听出有如安妮·奥科莉一样的坚韧。“嗯，我们那次见面以后我的情况又有些变化……”她开始说出她的一些近况。

她现在正在面临着死亡，她得了癌症，是脑癌，迅速又强烈地发展着。她说这些的时候很平静。“你如果不常常去考虑死亡的事情，”她说，“你就不是一个真正有信仰的人。”几个月以来，她并未经历太多的疼痛，对化疗也有很好的耐受性。她得到了很多帮助，她常去的教堂、幼儿亲子课课堂上的朋友、还有街坊的老邻居，她和卡姆从没有需要过这么多人，这样的帮助，或者邻里做的饭菜。

后来她的短时记忆开始退化，治疗过程中也时有并发症发生；很明显，她不再适合照顾一个小男孩了。所以，她重新调整了生活。她计划搬到她唯一剩下的孩子所在的城市，他们还比较亲。又安排了一个年轻的亲戚把卡姆接走，这位亲戚能在莎伦去世后妥善地照管卡姆。卡姆也将成为那个家庭中小孩子们的一员，他们都爱卡姆，卡姆也喜欢他们。

所幸，父母们不需要去面对一天天逼近死亡这个事实。但是假如他们必须去面对，就像莎伦那样，也许会更看清一些什么。他们的角色会愈加清晰，不再是锁在有限世界观里的错综繁杂。面对每天的责任，为未来做安排，传递永恒的无条件的爱——这些都将成为不久于人世的父母的首要任务。这，又何尝不是那些健康父母的首要任务，只是，外面世界的雪花般的干扰时常会迷惑我们的双眼。

作家马乔里·威廉姆斯在孩子尚小的时候也检查出过癌症，她在一篇获奖的随笔中写道："当我知道我也要面对那个亘古的问题时（如果你知道你的生命只有1年，你又会如何？），我才发现，有孩子的女人有特权或有责任无视这个问题的存在。如果你的孩子还小，除了尽量把生活过得和平时一样，你还能做什么？唯一能做的就是多给他们几张烤薄饼。"

卡姆即将送走的那周，我和莎伦又通了电话，她现在总待在家里，我去她家里找了她。她和卡姆一起坐在客厅，看着"好奇的乔治"。当卡姆走开，听不到我们的谈话的时候，她就开始跟我说卡姆现在的状况。"他表现出很大的愤怒，有一天他捡起一只鞋子扔到我头上。他知道那是得癌症的地方。"但他也知道，不是莎伦想要去得这个病的。虽然只有4岁9个月，卡姆还是能区分开的。从他的愤怒中，我们看到了他对莎伦的眷恋有多深，也给了莎伦一个机会，去解释，爱不会因为人不在了就停止，亲子关系也不会因为死亡而消失。"他也很重情，说'我永远永远永远都会爱你。'"莎伦说，"我们俩互相讲了很多永远永远爱你这样的话。即使我们再也看不到彼此了，我也将始终是他的妈妈，他也永远都会是我的孩子。"

我想知道她是否会有内疚感，"是的，"她说，"我觉得我好像在抛弃卡姆。"但她随后说出的话让我久久不能忘怀，她说，她也感到释然。"现在他要去一个有两个成年人的家庭，他们会爱他，会在他余下的成长时间里照顾他。这很让人安慰。比起跟我呆在一起那对他来说是更好的生活。"莎伦认为，如果她没有生病，不会有勇气去这么做。

目前，她正竭力地珍惜着和卡姆呆在美丽的老宅中的最后时光。“我尽量在他眼前，陪着他。我能做的只有这些了，陪他看这个，一起度过尽可能多的时光”，她补充道，“看‘好奇的乔治’”。

就像马乔里·威廉姆斯所说的，照常的生活，只是多给一些薄烤饼。

孩子可能会使我们的生活徒增繁杂，但同时也让生活更趋简单。孩子的需求是压倒一切的，而他们对我们的依赖又是那么的纯粹，所以，我们对他们的道义责任容不得一点偏差。“这就是生活，”莎伦说。这也是我们的生活，总有种什么东西能让我们深感满足。威廉姆斯写道，妈妈这种身份，给了她特权和殊幸，让她在生病的时候得以规避一些实存的问题。也许不假，但我想，帮她减少那些存在主义问题的首先应该是亲子关系。她知道每天必须去做什么，又为什么在那。莎伦也是一样，在她从水花四溅的洒水装置中穿过的时候，在她抱起卡姆上攀登架的时候，还有，在她最虚弱的时候，她都深深地知道，她应该用最后剩下的几个月的力量再做点什么，那就是，要陪卡姆一起看“好奇的乔治”。

等她死后，她的家人对卡姆就会像当年她对卡姆的妈妈做过的一样：终身养育。这对莎伦家来说好似一个轮回，一个在有悲有喜的生活中传递的神圣约守。这就是父母在做的，也是我们所有人在最高尚的状态下做的。**我们把自己付诸于最需要我们的人身上，通过养育，我们施以爱，我们以他们为乐，我们会惊叹他们的所为。爱的礼物至真至纯，即使在痛苦与失去的边缘，它依然，神奇般地，存在/召之即来/闪着光。**